リベラルアーツコトバ双書 6

ウクライナ・ロシアの源流

~スラヴ語の世界~

渡部直也

はじめに

ウクライナ戦争をきっかけに

　2022年2月24日、ついにロシアがウクライナに対して大規模な戦争を始めるという報道を目にし、ちょうど自宅にいた私は急いでYouTubeを開き、ロシアやウクライナのテレビ局が流す同時配信に飛びつきました。プーチン大統領による「特別軍事作戦」の開始宣言、そしてほぼ同時刻に駆け巡ったウクライナの主要都市における空爆の報道を見ながら、ただただ絶望感を覚えるしかありませんでした。

　私は以前からある大学で、ロシア語のニュースを読む授業を担当していました。ロシアによる全面侵攻以降は、縁あってテレビ局の裏方で情勢のリサーチや現地報道の翻訳などに携わる機会もあり、ある程度事の成り行きを注視し続けています。一方で私は政治や軍事の専門家ではなく、あくまでも言語学を（細々と）研究している身ですので、背景にある言語・文化について冷静に見つめてゆくことが使命だと改めて思い至りました。日々の報道はもちろん、ニュースのインタビューに答える一般市民の声や、SNSで見かけるさまざまな投稿など、現代社会において飛び交う膨大な情報の中で、ことばの占める割合はたいへん大きいと言えます。今回こうした貴重な機会を頂きましたので、ウクライナやロシアを含む「スラヴ語」の世界について、僭越ながらお話してまいります。

スラヴ語とは何か？

　ウクライナ語やロシア語は、専門用語の羅列で言えば、インド・ヨーロッパ語族スラヴ語派東スラヴ語群に属します。ここに2回出てくる「スラヴ」こそが、民族や言語を規定する重要なキーワードです。

　クラシック音楽の好きな方は、ドヴォルザーク（この表記も問題になるのですが）の「スラヴ舞曲」をよくご存じかと思います。ドヴォルザークはチェコの作曲家ですが、チェコもやはりスラヴ民族の国です。同時代のスメタナが「わが祖国」を作曲したように、当時は多くのスラヴ民族が国を持てない時代でした。ちなみにそこで描かれている「モルダウ」はプラハの中心部にも流れる川ですが、ドイツ系の名前なので、趣旨を踏まえれば現地名の《ヴルタヴァ（Vltava）》と呼ぶべきものです。

　もう1つ比較的日本で知られている「スラヴ」は、ユーゴスラビアでしょう。「ユーゴ」が「南」、「スラビア」（以降はスラヴィアと書きます）は「スラヴの国」ということで、これはかの地で大戦を経てようやくできた「南スラヴの国家」なのです（ただしコソボで話されるアルバニア語はスラヴ諸語ではありません）。のちに詳しく述べますが、1990年代初頭にユーゴスラヴィア連邦からスロヴェニアやクロアチアが独立し、さまざまな対立の激化から凄惨な内戦に発展した結果、多くの国が分離独立し現在に至ります。

　今の話だけでもおわかりの通り、「スラヴ」の民族や言語はウクライナ周辺だけでなく、ヨーロッパの広い範囲にわたって分布しており、その背景には戦争や侵略を含むさまざ

まな歴史的事象が関わっています。そして今まさにウクライナでは、悲しいことに新たな戦争が勃発し、惨禍が繰り返されています。

まずは政治や戦争ではなく「ことば」を見よう

　ウクライナ情勢に目をやると、どうしても政治や戦争の行方に意識が行ってしまうかと思います。ユーゴスラヴィア内戦のころもそうだったのでしょう。私も一応現地メディアやSNSを観察していますが、当然ながら憎悪に満ちた罵詈雑言も多く飛び交っていて、「対立」や「分断」が目を惹き、ほとほと辟易するばかりです。しかしそれはあくまでも、「表面的な」結果でしかないのです。「ロシアが悪い」、「ウクライナも悪い」、「本当はアメリカやEUが悪い」などと罵り合っていても何ら解決には結びつきません。まずは何よりも、特に日本にいる「傍観者」にとっては、ひたすら冷静に状況を注視するほかないでしょう。そして情勢を本当に理解するためには、背景にある言語・文化・思想といった、人間の根源にあるものについて考えることが不可欠でしょう。

・スラヴ諸語の例を表記する際には《　》で示し、その中でカタカナ表記と原語表記を併記します。語句の意味は「　」で示します。なお、カタカナ表記はあくまでも目安であり、発音を正確に示しているわけではありません。

・社会情勢を忠実に描写するため、侮蔑的な語彙を引用している箇所がありますが、こうした語彙の使用を支持するものではありません。

目　次

第 1 章

中欧言語紀行
―スラヴ諸語の歴史と地理

♀ スラヴ諸語の地理的分布

　「はじめに」でウクライナやロシアのほか、チェコや旧ユーゴスラヴィアを取り上げましたが、スラヴ系言語の全体的な分布はヨーロッパの中でたいへん広い領域を占めています。西はドイツに接するポーランドやチェコ、イタリアに接するスロヴェニアから、東はウクライナやロシアまで、また南はギリシャやトルコに接するブルガリアやアドリア海に接するクロアチアなどに及びます。図１の地図でスラヴ諸語が主に話されている国を示します。現代史や政治に興味をお持ちの方は、冷戦時代の「東側」諸国の多くが含まれていることがわかるでしょう。

　目ざとい方はさきほど、ウクライナ語が「東」スラヴだと気づいたことでしょうが、スラヴ語のグループ（スラヴ語派）はさらに「南」・「西」・「東」の語群に分かれます（寒い地域も多いですが「北」はありません）。南はブルガリアやセルビア、クロアチアなどのいわゆるバルカン半島の国々で話されることば、西はポーランドやチェコ、スロヴァキア、東はウクライナ、ベラルーシ、ロシアです。のちに述べますが、多くの言語は国と同じ名称がついています。図２に代表的なスラヴ諸語の分類をまとめました。以下ではスラヴ諸語の全体的特徴について述べたうえで、各語群について概説してゆきます。

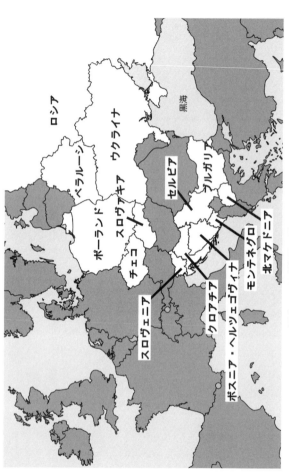

図 1 スラヴ諸語の話されている地域

ロシア

ベラルーシ

ウクライナ

ポーランド

スロヴァキア

チェコ

セルビア

ブルガリア

スロヴェニア

クロアチア

ボスニア・ヘルツェゴヴィナ

モンテネグロ

北マケドニア

黒海

図2　スラヴ諸語の分類

❦ スラヴ諸語の全体的特徴

　細かい点については次章以降で詳しくお話ししますが、ここでは歴史的な話の前にひとまず、現代のスラヴ諸語がどういった言語なのか、大枠について知っていただければと思います。

　比較的有名なところから言うと、名詞の「格」の変化が多い点が挙げられます。日本語では名詞が「体言」と呼ばれ、「活用しない」と言われているのですが、多くのスラヴ諸語やほかのヨーロッパの諸言語では名詞が「活用」します。1つだけ例を挙げますと、ウクライナ語の《ウクライーナ（Україна）》は、「ウクライナで」と言いたいときには英語の in にあたる前置詞の《ヴ（в）》の後ろで《ウクライーニ（Україні）》という形になります。このため、日本語母語話者にとっては習得が非常に難しいところなのです。ただしスラヴ諸語の中でもこうした名詞の活用がない言語もあります。

　次に言われているのは、やたら長い語が多くて発音が難しいというイメージでしょうか。確かに比較的知られている単語を挙げても、「ペレストロイカ」といった政治用語をはじめ、地名では「セヴァストポリ」、「ウラジオストク」、「ベ

オグラード」、人名でも「メドヴェーデワ」、「ドストエフスキー」、「イブラヒモヴィッチ」など、なんとも取っつきにくい言葉が目立ちます。しかしよく知られた英語と比較すると、確かに難しい子音やその連続がある一方で、母音については多くの言語で日本語と似た「アイウエオ」なのです。また、子音についてはスラヴ諸語の中でもさまざまな違いがあり、言語によって複雑さはまちまちです。発音というのは、日ごろ触れる部分であるがゆえ、ちょっとした場所の違いで結構な差が出てくるので、「スラヴ諸語の発音」などとひとくくりにはできません。

　ここで発音（専門的には音声・音韻と言います）のことで皆さんに考えていただきたいのは、日本語の中だけでも、よくわからない「方言」がたくさんあるということです。「関西弁」については比較的知られていますが、「津軽弁」や「薩摩弁」さらには「沖縄弁」など、「標準語」とは大きく異なり、とても聞き取れないようなものもあります（もちろん語彙的な差異も関係しています）。なお、「○○弁」や「標準語」はやや差別的なニュアンスもあり、言語学ではどれも平等に「○○方言」と称しますが、それでも「標準語」は日本全国である程度の規範として通用していることから「共通語」と呼びます。方言でもこれだけ違いがあるのだから、異なる「言語」であれば当然もっと難しくなるのではないかという話になるかもしれませんが、実はスラヴ諸語間の違いはそこまでではありません。2022 年に流行語にまでなった「キーウ」とロシア語の「キエフ」は結構違うようにも感じますが、たとえば「ゼレンスキー」大統領はウクライ

ナ語で《ゼレンシキー（Зеленський）》、ロシア語で《ジリェンスキー（Зеленский）》とそこまで違いません。これは物議を醸す点ではありますが、純粋に言語を見た場合、ウクライナ語とロシア語との違いは、日本語の「ちょっとよくわからない」方言ぐらいの差です。そうなってくると、実は方言と言語の違いもよくわからなくなってくるのですが、これについても後ほどお話ししたいと思います。

　以下、各語群について代表的な言語を紹介してゆきますが、発音や文法に関する詳細は 2 章以降をご覧ください。

南スラヴ語群

　「南スラヴ」については、もちろんさきほど紹介した旧ユーゴスラヴィアの地域が含まれますが、それに加えてブルガリアが入ります。また、ユーゴスラヴィアの中でも、セルビア・クロアチア語、スロヴェニア語、マケドニア語の主に 3 言語が話されていました。また、ユーゴスラヴィア成立以前は大国の支配を受け、非常に複雑な歴史をたどってきました。

　スロヴェニア語はイタリアと国境を接するスロヴェニアで主に話されており、南スラヴの中で最も西にあります。子音の種類が比較的少ない一方で、「双数」と呼ばれる「2 つ」を表す形が特徴的です。

　東に目を向けると、黒海に接するブルガリアとその西隣に北マケドニアがあり、それぞれブルガリア語、マケドニア語が主に話されています。これらはウクライナ語などと同様にキリル文字で表記されます。先述した「格」の変化がない代

写真1　サラエヴォの歴史博物館（2017年12月著者撮影）

わりに、動詞の活用が複雑なのが特徴的です。

　最後にセルビア・クロアチア語ですが、セルビア、クロアチアのほか、ボスニア・ヘルツェゴヴィナとモンテネグロ（現地名：ツルナ・ゴラ）で主に話されています。セルビアやモンテネグロ、ボスニア・ヘルツェゴヴィナの一部地域ではキリル文字も使用されますが、クロアチアではラテン文字が一般的です。文法的に多くのスラヴ諸語とおおむね共通していますが、発音や語彙をはじめにさまざまな方言差が見られます。現在は各国家の独立も関係して、「セルビア語」・「クロアチア語」のように区別されていますが、少なくとも相互理解は問題ないと言われています（詳しくは4章を参照）。本書では歴史的な系統を示すために、原則として統合

させて表記します。

　南スラヴの世界は大部分がバルカン半島に位置し、西スラヴ・東スラヴと地理的にやや切り離されています。こうした状況もあってか、スラヴ諸語としての特徴のほかに、アルバニア語やルーマニア語、ギリシャ語との間で言語系統を越えた共通性があると言われています。

西スラヴ語群

　「スラヴ舞曲」の生まれたチェコは「西スラヴ」にあたります。冷戦期をご存じの方は、チェコ（スロヴァキア）やお隣のポーランドといえば「東側」だと認識されているかと思いますが、これらの国はスラヴ圏の中では「西側」で、ドイツ語などのゲルマン諸語からも影響を受けています。3 章でまた述べますが、例えばポーランド語の「ありがとう」は《ジェンクーイェ（Dziękuję）》で、語源的にはドイツ語の「ダンケ」と共通の語彙です。また、文字はいずれもラテン文字が使われています。一方でポーランドは東スラヴ地域とも接しており、歴史的にポーランド語とウクライナ語やベラルーシ語との接触もあり、現代語の形成に重要な役割を果たしています。

　チェコ語は歴史的に発音（音韻）が大きく変化していて、他のスラヴ諸語と共通の語彙でも、発音が異なることも多いです。その中でも特徴的なのは、母音の長短といくつかの特有の子音です。1 つだけ例を挙げれば、ドヴォルザークは現地の綴りで Dvořák と書かれますが、řの音は「ル」と「ジュ」が融合したようなもので、世界的にもたいへん珍し

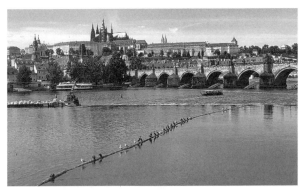

写真2　プラハ中心部を流れるヴルタヴァ川
（2022 年 8 月著者撮影）

い子音です。

　スロヴァキアは冷戦末期にチェコとは別の国となりました
が、チェコ語とスロヴァキア語はもともと異なる言語として
考えられています。両言語の違いを端的に述べれば、スロ
ヴァキア語では歴史的に受けた変化がやや緩やかで、若干で
はあるもののほかのスラヴ諸語に近い形が残っています。上
述の ř もありません。なお現地の人々にとっては、チェコ語
とスロヴァキア語で相互にコミュニケーションは取れるよう
です。

　ポーランド語にはチェコ語やスロヴァキア語とはまた違う
発音の難しさがあります。母音の長短はありませんが、鼻母
音が一部残っている点が特徴的です。子音の種類も多く、特
に「シュ」・「ジュ」のような音の区別が難しいと言われてい
ますが、これについては方言差も大きいです。

西スラヴ語群にはこのほか、ポーランドの一部地域などで話されるカシューブ語や、ドイツの一部地域で話される上ソルブ語・下ソルブ語といった少数言語が含まれます。

東スラヴ語群

そして最後に「東」ですが、これがキエフ・ルーシや帝政ロシアの領域にあたり、古くから（モンゴル帝国の支配を除いて）自分たちの国家を持っていました。また、正教会を受容したこともあってキリル文字が使用されています（2 章で詳述）。だからといって伝統的特徴を保った言語を話しているというわけではなく、さらに一部地域では、帝政ロシア、ポーランド王国、ソヴィエト連邦（以下、ソ連とも）といった国家が覇権を持つ中で国境の変更も生じ、複雑な言語状況が生じています。現在はウクライナ・ベラルーシ・ロシア連邦という 3 つの国家が存在していますが、EU・NATO が拡大した今となっては、「東スラヴ」こそが「東欧」なのです。なお、地理的にはモスクワよりだいぶ東に行ったウラル山脈がヨーロッパの端と言われるので、「西スラヴ」や「南スラヴ」は「中欧」に含まれます。

ロシア語は現在のロシア連邦のほか、ソ連の中心言語としてそれを母語としない国民の間でも共通語として使用されていました。崩壊から 30 年あまりが経った現在でもロシア連邦のほか、ベラルーシやカザフスタン、キルギス、タジキスタンで公用語ないしそれに準ずる言語として制定され、一定の地位を占めています。またウクライナをはじめほかの周辺諸国でも、多くのロシア語話者（バイリンガルを含む）が暮

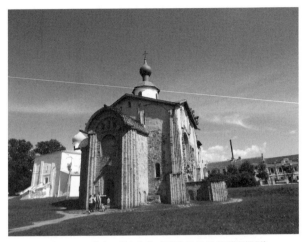

写真 3 ノヴゴロドの教会（2016 年 6 月著者撮影）

らしています。こうした広い使用分布もあり、文法はスラヴ諸語の中では比較的平易なものとなっています。一方で発音については、アクセントによる母音の変化があり、アクセントの位置も語によって異なりうるため、少し複雑です。

　ウクライナ語では特に母音の歴史的変化が大きく、ほかのスラヴ諸語と共通の語彙でもさまざまな発音上の違いが見られます。2 章で述べますが、「キーウ」と「キエフ」の違いもこういった事情が関わっているのです。ただしウクライナはたいへん広い国なので、多様な方言差が確認され、ロシア語の諸方言も含めた連続性が確認できます。一方で語彙については、西のポーランド語との接触も要因となり、ロシア語とは大きく異なりますが、これもやはりバリエーションがあ

ります。

　ベラルーシ語も語彙に関してはウクライナ語と同様で、ポーランド語と共通する部分も多く見られます。ただし、ウクライナ語とベラルーシ語とで異なる語彙が使われることもありますし、ロシア語やポーランド語のいずれとも異なるいわば両言語独自の語彙もあります。発音に関しては、ベラルーシ語はウクライナ語ほど複雑な変化を経ていませんが、アクセントによる母音の変化がロシア語とやや異なるなどの独自性が見られます。

　このほか、ウクライナ南西部や隣接する国々で話されるルシン語という少数言語も、東スラヴ語群に分類されます。

✤ 古代におけるスラヴ語

　さてここからは歴史の話に移ります。歴史の教科書でスラヴ民族が最初に登場するのは、古代ヨーロッパにおける民族移動です。それまで主としてどのあたりで暮らしていたのかは定かではありませんが、5〜6 世紀ごろからヨーロッパ各地に移動し分化していったようです。ただし、8〜9 世紀ごろまでは一定の言語的統一性を保っていたと言われています。

　民族の源流をたどるのは考古学ですが、それによって得られた史料などを基に言語の歴史についても盛んに研究が行われてきました。ここで問題となるのは、最初期の言語は文字による記録がないということです。「はじめにことばありき」は聖書の一節ですが、当初は音声のみであって、人類が言語を使い始めてから文字を発明するまでには時代の開きが

あります。言うまでもなく録音は存在しません（笑）。ですから言語の原始の姿を明らかにするという試みは、あくまでも「推定」ということになります。どのように推定するのかと言うと、現代の系統的に近い諸言語や記録の残る古代語を対象に、それらの類似点や相違点を精査することで、これまで生じてきた歴史変化を仮定し、結果として元の形を理論的に復元してゆくのです。こうして提唱された、各言語に分化し歴史変化を経る前の元の言語を「祖語」と呼びます。

　スラヴ祖語そのものは記録が残っていませんが、それに一番近い姿を反映しているとされる最古の文章語として「古代教会スラヴ語」があります。再び世界史の話に戻りますが、キリスト教がヨーロッパ各地に拡大する過程で、当時の東ローマ帝国で主流となっていたギリシャ正教または東方正教会と呼ばれる一派は、聖書を現地の言語に翻訳することで布教を行いました。9世紀後半に東ローマからモラヴィア（現在のチェコやスロヴァキアの一部）に派遣されたキュリロス・メトディオス兄弟は、当時のスラヴ語に「グラゴル文字」と呼ばれる書記体系を考案し、聖書を翻訳してゆきました。もちろんこうした形で記録されることになった言語は「書き言葉」であり、当時の人々が話していた言語をそのまま残しているわけではありませんが、少なくとも音韻や語形、文法といった言語体系の大枠を反映しているものであり、たいへん貴重なものです。その後まもなくカトリック勢力の台頭によりモラヴィアから逃れたキュリロス・メトディオスの弟子たちは、現在のブルガリアのあたりで活動を続け、多くの文書を残しました。このため、「教会スラヴ語」

写真 4　ウラジオストクの金角湾を望む
キュリロスとメトディオスの像（2017 年 9 月著者撮影）

の多くは南スラヴの特徴を持っていると言われています。な
お、ブルガリアのほかウクライナやロシアなどで現在使用さ
れている「キリル文字」は、キュリロス（スラヴ語ではキリ
ル）の名にちなんだものですが、実際に発明されたのは少し
後の時代だと言われています。いずれにしても両氏の功績は
たいへん大きく、記念碑なども建てられています（写真
4）。その後東ローマ帝国の支配から徐々に脱する中で、ブ
ルガリア帝国やセルビア帝国、クロアチア王国といった国家
が成立し、現在のブルガリア語やセルビア・クロアチア語の
基礎が確立されてゆきます。

　聖書の翻訳と聞くと、世界史に関心のある方は中世ヨー

写真 5　プラハ中心部の旧市街広場に立つヤン・フス像
（2022 年 8 月著者撮影）

ロッパの宗教改革を思い起こすのではないでしょうか。西
ローマ帝国を中心に発展したカトリック教会は、その後長い
間聖書の言語をラテン語やギリシャ語、ヘブライ語といった
古代語に制限し、ルターによるドイツ語訳などは「異端」で
あったのです。宗教改革の先駆者として精力的に活動したヤ
ン・フス（写真 5）は、現在のチェコにあたる地域で生まれ
チェコ語でも説教を実施したそうですが、これも非常に画期
的だったことでしょう。やがて彼は教皇庁に対する批判を
次々と展開し、最後は火刑となってしまいます。そうした背
景もあって西スラヴの言語は、文献記録がなかなか行われま
せんでした。また、こうした地域ではグラゴル文字やキリル

文字は普及せず、ラテン文字による正書法がやがて確立されることになります。文字の話は次章で詳しく見てゆきます。

　一方上で述べたように、東ローマ帝国から発展した東方正教会は、現地語での布教を古代から許容し、聖書の翻訳も進めてゆきました。同宗派は「教会スラヴ語」が誕生した南スラヴ地域からさらに、キエフ・ルーシをはじめとする東スラヴ地域に伝わってゆきます。そこでは定着した人々がすでに東スラヴ特有の言語を話していましたが、聖書の翻訳などを通してキリル文字文化が広まる中で、特に文章語は南スラヴからの影響を受けました。なお、当時の古代語は伝統的に「古代ロシア語」（本来は「古代ルーシ語」と言うべきか）と呼ばれますが、こうした名称に対して特に近年はウクライナ側から反発が強まっています。国家の成立や発展について本書ではさほど立ち入りませんが、ロシア語で「ロシアの」あるいは「ロシア語の」という意味の形容詞《ルースキー（русский）》は、《ルーシ（Русь）》から派生した形容詞が語源です。このため、「ロシア語」という語そのものは必ずしも現在のロシア連邦という国家を示す語ではありません。逆に「キエフ」ルーシだからといって、それがそのままウクライナの源流だと単純化することもできません。

⚜ 中世～近代におけるスラヴ語

　中世ヨーロッパではやがていくつかの大国が覇権を持つようになります。東スラヴの地域では、キエフ・ルーシの一部であったモスクワ大公国が台頭し、東ローマ帝国の滅亡とともにコンスタンティノープルに代わって東方正教会の実質的

な中心地となりました。一時モンゴル帝国の支配を経験しましたが、そこから脱却したあとにやがてロシア帝国を成立させます。ここで中心となっていたのは言うまでもなく、現在のロシア語の基になる言語でしたが、現在のウクライナやベラルーシを含め各地にさまざまな変種が存在していました。ロシア語の「標準語」となっていったのは、キエフを中心とする南部方言とノヴゴロド（現在のヴィリーキー・ノヴゴロド、サンクトペテルブルクに近い）を中心とする北部方言とが融合したものだと言われています。なお、ここで注意しなければならないのは、現在のウクライナ語という言語が、「キエフ」ルーシの言語をそのまま受け継いだものでも、あるいはロシア帝国におけるウクライナ地域の「方言」（当時は「小ロシア」のことばなどと呼ばれていました）でもないという点です。これに関しては隣接する西スラヴについても考える必要があります。

　西スラヴではまず、現在のポーランドを中心とする領域においてポーランド王国が大きな力を持っていました。当然ながら中心言語は「ポーランド語」（とラテン語）でしたが、のちにポーランド・リトアニア共和国を形成すると、現在のウクライナやベラルーシの西部も含まれるようになりました。このため先述の通り、ウクライナ語やベラルーシ語はポーランド語の影響を強く受け、現在も特に標準語では語彙面でその名残が強く、ロシア語との違いが顕著です。一方で現在のチェコやスロヴァキアにあたる地域であるボヘミアやモラヴィアにはボヘミア王国が存在していましたが、実態としてはハプスブルク（オーストリア）帝国の支配下にありま

した。そのため（当時の）ドイツ語が公的地位を占めており、「チェコ語」や「スロヴァキア語」の力は弱かったのです。さらに近代になると、ポーランド（ポーランド・リトアニア共和国）がオーストリアやプロイセンそしてロシアによって分割され、自らの独立した国家を失ってしまいます。このように当時における西スラヴの諸言語は、列強の支配や侵略によって激動の時代をたどりました。

最後に南スラヴですが、こちらは完全に他民族による支配を受けることとなりました。現在のクロアチアの一部にあたるクロアチア王国はハンガリーの支配下に入り、近代になるとハプスブルク帝国の一部に組み込まれました。こうした背景もあって、当初は広まった正教会に代わり、カトリックが台頭することになります。一方ブルガリア帝国やセルビア帝国は、ヨーロッパに進出してきたオスマン帝国によって滅ぼされ、完全な征服下となりました。なお現在でも、ボスニアを中心に多くのムスリムが暮らしています。古代にいち早くスラヴ語文化が花開いた南スラヴの地域はこのように、中世から近代にかけては自らの勢力圏を持てずにいたのです。

そして現代へ

このように多くの地域で自らの民族国家を持てず、言語の地位を確立することもままならなかったわけですが、二度の世界大戦を経てようやくスラヴの国家が成立してゆきます。西スラヴではポーランドおよびチェコスロヴァキア、南スラヴではセルビア・クロアチア・スロヴェニア・マケドニアなどを統合したユーゴスラヴィア連邦とブルガリアが誕生しま

した。一方で東スラヴ地域を支配してきたロシア帝国は革命によってソ連に生まれ変わり、その構成国という形ではありますが、国としてのウクライナやベラルーシがようやく成立します。当然ながら各スラヴ語は、これらの国で公用語として機能することとなりました。

　しかしここでめでたしめでたしとはなりません。特に多民族が共存するユーゴスラヴィア連邦やソヴィエト連邦では、やがて内部における対立が生じてゆくのです。詳しくは4章でお話しすることにしますが、ユーゴスラヴィアでは絶対的指導者チトーの死後内紛が徐々に激化し、1990年代はじめのクロアチア独立を機に内戦状態となります。ソヴィエト連邦は1991年に崩壊し、ウクライナやベラルーシは完全な独立を果たしますが、2014年にロシアがクリミア併合およびドンバス地域の一部における傀儡政権の樹立を行い、2022年にはウクライナ全土への侵略を開始し現在に至ります。他民族による支配を脱したスラヴの人々が、現代になって国家間とはいえ近しい民族どうしで争うのは残念でなりません。

　ただしここで強調しておきたいのは、「クロアチア語」や「セルビア語」、「ウクライナ語」や「ロシア語」などが各国家の公用語として機能しているからといって、言語そのものは国家権力とは本来独立したものだということです。特に最近ロシア語については、プーチン大統領やプリゴジン氏などを連想してしまいがちですが、ぜひとも言語という文化に着目していただければと思います。次章からは言語の具体的な特徴について、いくつかの項目に分けて紹介してゆきます。

第 **2** 章　キーウとキエフ—文字と発音

　ここからスラヴ諸語の特徴を取り上げてゆきますが、まず
は文字と発音についてです。現代社会における言語は、出版
やインターネットの普及もあって膨大な文字記録が残され、
日常生活でもさまざまなやり取りが文字媒体を通して行われ
ており、文字ぬきに言語を語ることは不可能でしょう。一方
前章でお話しした通り、最初期の言語に文字はなく、現代で
も多くの方は音声で会話をしているので、文字が言語のすべ
てを表してはいません。

　この章ではまず、未知の言語の世界に踏み込む入口として
スラヴ諸語の文字について概説し、現代語において各文字が
表す発音について触れてゆきます。後半では、最近少し話題
になった「キーウ」と「キエフ」の違いなど、発音に関する
いくつかの話題を取り上げます。

✿ グラゴル文字からキリル文字へ

　前章の繰り返しですが、スラヴ語の文字記録が始まったの
は、9世紀後半の東方正教会における聖書の翻訳でした。
キュリロス・メトディオス兄弟が最初に開発したのは「グラ
ゴル文字」（図 3）と呼ばれるもので、南スラヴの地域を中
心に古文書が残されています。それらはやがて現在でも使わ
れる「キリル文字」に移行してゆきました。

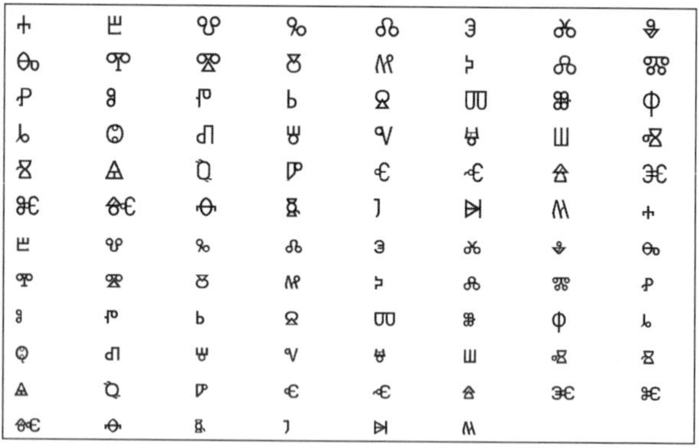

図3 グラゴル文字

　最近はスマホでのやり取りや SNS であまり使われないように思いますが、キリル文字と言えば顔文字の一部として使われているものをご存じの方も多いでしょう。例えば（*´Д`）などで口を表していたのは、ロシア語などの「デー」の文字です。携帯電話の特殊文字の歴史は完全に専門外ですが、懐かしのガラケーの時代からギリシャ文字と「ロシア文字」（と呼ばれていました）は使うことができ、このような面白い使い方がいつからか流行り始めたようです。なお余談ですが、筆者は大学の学部時代、ガラケーでロシア語が打てるという謎の特技を持っていました。ギリシャ文字は数学でよく使われるのでわかるのですが、キリル文字が入っていたのは不思議に感じます。ほかにも、R や N が反転したような Я，И という文字を見たことがある方もいるでしょうか。某大型玩具店をはじめ、デザインの一環で R をこのようにひっくり返しているものも見られますが、Я は後述するようにロシ

ア語などの「ヤー」であって、歴史的に R とは全く無関係
です。

　なんとなく全くわけのわからない印象もあるキリル文字
ですが、もう少し詳しく見るとそこまでではないはずです。ま
ず、A, a, O, o, E, e といったいわゆる「アルファベット」と
同じ形をしているものもありますし、Φ, φ, Π, π などはギリ
シャ文字で見たことがある方も多いでしょう。実はギリシャ
系の東方正教会がもともと開発したこともあり、キリル文字
はギリシャ文字のある書体を基に創られたと言われていま
す。さきほどの Д, д も Δ（デルタの大文字）から来ていま
すし、「ピー」に見える P, p もギリシャ文字の「ロー」が起
源です。ギリシャ文字と異なる点はまず、大文字と小文字で
形が変わらないものが多いところです。Π, π や Д, д のほか、
M, м についてもギリシャ文字「ミュー」の小文字は単位で
よく使われる μ です。もう 1 つの違いとして、ギリシャ文
字にはないものがいくつか含まれています。スラヴ語とギリ
シャ語は違う言語ですから、当然ながら音の体系も異なり、
ギリシャ語にない音を表す文字が必要だったのです。そこ
で、スラヴ語特有の音についてはグラゴル文字を継承し（形
は多少変わっています）、現代でも使われる Ш, ш「シャー」
や Ч, ч「チェー」などがそれにあたります。古代における代
表的なキリル文字を図 4 にまとめました。それぞれ大文
字・小文字と、参考までにラテン文字転写を併記していま
す。

А	а	a		К	к	k		Ф	ф	f		Ю	ю	yu
Б	б	b		Л	л	l		Х	х	kh		ІА	ia	ya
В	в	v		М	м	m		Ц	ц	ts		Ѥ	ѥ	ye
Г	г	g		Н	н	n		Ч	ч	ch		Ѧ	ѧ	en
Д	д	d		О	о	o		Ш	ш	sh		Ѫ	ѫ	on
Є	є	e		П	п	p		Щ	щ	sht		Ѩ	ѩ	yen
Ж	ж	zh		Р	р	r		Ъ	ъ	ŭ		Ѭ	ѭ	yon
Ѕ	ѕ	dz		С	с	s		Ы	ы	ū				
И	и	i		Т	т	t		Ь	ь	ĭ				
І	і	i		Оу	оу	u		Ѣ	ѣ	æ/ě				

図4 古代におけるキリル文字（抜粋）

❧ キリル文字の特徴とラテン文字との違い

　キリル文字は東方正教会の拡大とともに広まってゆき、現在は南スラヴの一部（ブルガリア語、マケドニア語、おおよび一部地域においてセルビア・クロアチア語）と東スラヴ（ウクライナ語、ベラルーシ語、ロシア語）において使用されています。またスラヴ諸語以外でも、ロシア語が中心的役割を果たしていたソ連の政策により、中央アジアの連邦加盟国や衛星国モンゴルにおける各主要言語（カザフ語、ウズベク語、モンゴル語など）や、少数民族の諸言語をキリル文字で表記するようになりました。しかし近年ではラテン文字に移行する動きも広まっています。

　ギリシャ文字と一部のグラゴル文字が融合して生まれたのがキリル文字の体系ですが、大枠で言えば英語の「アルファベット」でおなじみのラテン文字と同じく、フェニキア系の表音文字に分類されます。なお、「アルファベット」という

のは文字体系を指す言い方で、英語に限ったものではないことは注意が必要です。それぞれヨーロッパの二大宗派だった東方正教会ないしカトリック教会と結びついて広まっていったわけですが、こうした歴史的背景以外に音をどう表記するのかに関する違いも見られます。最も顕著なのは、キリル文字は「1 字で 1 音を表す」という特徴を持つ点です。このため用いる音の違う言語の間で、使われる文字も異なってきます。一方でラテン文字は、原則的に用いる文字そのものは共通で、それらの組み合わせによって表す音の種類を拡張しています。例えば英語では「サイン」などの s に対して、「シャイン」などにおけるやや異なる子音を sh という文字の組み合わせで表しますが、類似の子音はキリル文字ではそれぞれ、с と ш という全く異なる文字で表記するのです。

　ただしラテン文字においても、そうした文字の組み合わせ以外に補助記号の使用も見られ、ドイツ語のウムラウトやフランス語のアクサン記号などは有名です。補助記号はキリル文字でも一部見られますが、やや少数派です。逆に、キリル文字においても文字の組み合わせが全くなかったわけではありません。図 4 に示した古代のキリル文字を注意深く見ると、「R の逆」として取り上げた Я がないことに気づきます。実はこの「ヤー」はもともと IA/ia の組み合わせである Ꙗ/ꙗ が徐々に融合して現在の形になったと言われています。「R と無関係」の答えはここにあるのです。Oy/oy についても歴史的経緯からもともと文字が組み合わされていましたが、現在は У/у「ウー」という完全な 1 字です。すなわち全体としては、やはり「1 字で 1 音」という原則があり、歴史

的な変化や言語間の違いに合わせて新たな形の文字を発展さ
せてきたと言えます。

⚘ 現代のスラヴ諸語における書記体系

　ここでは各言語の文字体系について網羅的に記述するわけ
ではなく、さまざまな事例を取り上げながら現代のスラヴ諸
語における文字表記について概説してゆきます。

　まずキリル文字についてですが、さきほどお話ししたよう
に新しい字を作ってきた一方で、古代に使われていた文字の
中でやがて使われなくなるものもありました。日本語にも
「ゐ」や「ゑ」といった旧仮名があります。これは言語の歴
史的変化の中で当該の音が消失し、必要なくなったからです
が、キリル文字では鼻母音を表す Ѧ/ѧ（小ユス）, Ѫ/ѫ（大
ユス）や、口の開きが広めの「エ」を表す Ѣ/ѣ（ヤチ）な
どがなくなりました。また、Ѕ/ѕ（エスにそっくりですが違
います）は現在マケドニア語のみにおいて「ゼー」として
残っています。

　一方で、従来なかった音が生じたために、新たな文字を加
える場合もあります。例えばさきほど述べた Я/я も、もと
もとは子音と「ア」の母音の組み合わせ、あるいは鼻母音
だったものから変化したと言われており、東スラヴ諸語やブ
ルガリア語で用いられています。そのほかにはセルビア・ク
ロアチア語やマケドニア語で使われる Џ/џ があり、英語の j
の子音に似た音を表しますが、これも歴史的な子音の変化に
よるものです。

　また、音が歴史的に変化することで、文字の表すものが変

わる場合もあります。代表的なのはъ, ь（イェル）で、どち
らももともとは弱い母音を表す文字でした。その母音はやが
てスラヴ語全体を通して消失してしまうのですが、言語に
よっては直前の子音の発音が異なっていることから、現在は
東スラヴ諸語（ъはロシア語のみ）でそうした子音の発音を
示す記号として用いられています。また、ブルガリア語では
今でもъが母音を表しますが、これは古代に存在していた
弱母音とはずいぶん異なるものです。

　さらに、歴史的な変化による言語間の違いが生じた関係
で、言語によって同じ文字が表す音に微妙な差異が出てくる
場合もあります。例えばиは多くの言語で日本語の「イ」
と同じような母音を表しますが、ウクライナ語ではやや舌が
奥に引っ込み口も少し開いた音になっています。一方ウクラ
イナ語の「イ」はラテン文字と同じ形のiを用いて表しま
す。eについてもラテン文字と同じ形で多くの言語で「エ」
を表しますが、ロシア語ではその前に「ヤ行」のような子音
が入った「イェ」のような発音となります。ただしロシア語
にも「エ」の発音はあり、эという文字で示します。これも
ややこしいことに、ウクライナ語ではこれをひっくり返した
ようなєが「イェ」を示し、eは「エ」です。

　ラテン文字についてはさきほど、文字の組み合わせや補助
記号によって言語特有の音を表すというお話をしました。前
者はポーランド語が代表的で、ローマ字転写で言えば *sh*,
ch にあたる音はそれぞれ、sz, cz と表記されます。また、
スラヴ語では日本語の「拗音」に近い「軟子音」と呼ばれる
音（後述）があるのですが、これはポーランド語で子音と母

音の間に i を入れて示され、nia は「ニャ」、bio は「ビョ」のようになります（本当はもっと複雑ですが）。ただこの言語の複雑な点は、補助記号もよく使われるところです。例えば sz が有声となった「ジュ」に近い音は ż ですし、さきほどの「ニャ」の子音も音節末では ń と書きます。一方でチェコ語やスロヴァキア語、セルビア・クロアチア語やスロヴェニア語ではもっぱら補助記号を使っており、しかも似たような体系です。ローマ字転写で言えば *sh, zh, ch* にあたる音がいずれの言語でも見られますが、それぞれ š, ž, č と小さい v のような記号を上につけます。また、チェコ語とスロヴァキア語では母音の長短が特徴ですが、長母音の多くは á, í, é のようにアクセント記号のようなものを上に加えます。ただ、セルビア・クロアチア語に特徴的な日本語の「チ」に近い子音は ć と書く一方で、「ヂ」の方は đ と書きます。なお、これらの子音はキリル文字ではそれぞれ ħ, ђ によって表記されるものです。また、同様の子音はポーランド語にもあるのですが、音節末で前者は ć と書く一方、後者は dź と書くのでこちらも含めるとさらに複雑です。

　最後に、「セルビア・クロアチア語」に関する文字の話題を取り上げます。前章でキリル文字が主として東方正教会と結びついて広まっていったことを述べましたが、正教会圏のセルビアではキリル文字、カトリック圏のクロアチアではラテン文字が主流となりました。ただし言語としては統一性があり、特にユーゴスラヴィア時代は「セルビア・クロアチア語」と呼ばれていました。このため、ほぼ同一の言語に2種類の表記法があるという状態です。なおラテン文字はセル

ビアでも使われていて、街中でもよく見かけます。旧ユーゴ
スラヴィアにおける言語模様については 4 章で述べます。

♛ 文字と発音の関係

　ここまでは現代のスラヴ諸語でどのような文字が使われる
かを概観してきましたが、ここからは文字と発音との関わり
について述べてゆきます。

　スラヴ諸語で用いられるキリル文字やラテン文字は表音文
字と呼ばれる発音を示すもので、日本語の仮名もその一種で
す。なお、漢字のように何らかの意味を示す文字は表意文字
と呼ばれます。ただ「音を表す」と一口に言っても、その実
態はやや複雑です。日本語話者にとっては当たり前すぎる話
ですが、平仮名や片仮名は一部の例外を除き、それぞれの文
字が常に決まった音を表します。一方で英語について考えて
みると、例えば同じ *a* という文字が単語によって、*map,
base, park, call* などいろいろな読み方となります。セン
ター試験（今の共通テストもそうでしょうか）などで発音の
異なる語を選べと言われたのを覚えている方も多いのではな
いでしょうか。すなわち、文字が音を表しているのは確かで
すが、文字そのものだけでどういう発音なのかはわからない
場合もあるのです。ここにはさきほど述べた、文字の組み合
わせによって単独の文字とは異なる音を示すラテン文字の表
記法が関係しています。わかりやすいところで言えば、*ar*
については（正確には少し違いますが）長母音になります。
そういった規則性を踏まえれば英語の発音はおおむね文字
（綴り）からわかると言えるのですが、そもそも規則性が複

雑で、結局のところ例外も多いのが難点です。

　英語は歴史的な事情から難しいことになっていますが、多くの言語は文字の組み合わせまで見れば大体発音がわかります。スラヴ諸語もそうで、ポーランド語のようにやや複雑な文字の組み合わせがあっても、基本的に決まった音を示します。一方で、文字からだけではわからない面も一部残っています。代表的なのはアクセントで、英語や日本語もそうですが、文字だけではどこにアクセントがあるかを知ることができません（日本語の場合、方言差も大きいです）。ただしスラヴ諸語の中には、チェコ語やポーランド語など、原則として常に同じ位置にアクセントが来る言語もあり、その場合は問題になりません。

　アクセントの位置だけでも大変ですが、さらに厄介なのは、アクセントの有無によって母音の質が変わる言語です。例えば英語でも、アクセントの有無によって母音字の読み方がだいぶ変わります（*late* と *chocolate* など）。スラヴ諸語の中ではロシア語が代表的で、日本でも比較的知られている「よい」という意味の《ハラショー（хорошо）》は、３つの母音をすべて同じ o で書くものの、どれも発音が異なります。特にアクセントのある最後のものとそれ以外では、日本語に置き換えても「オー」と「ア」という大きな違いがわかります。このあたりは初学者泣かせのところです。一方で親切な（？）言語もあります。ロシア語の「牛乳」はハラショーと母音の並びもアクセントの位置も同じ《マラコー（молоко）》ですが、ベラルーシ語はほぼ同じ発音で малако と綴ります。このように、文字がどこまで正確な発音を表す

のかについても、言語によって差があり、実はどちらも一長一短です。こういった言語を初めて目にする方にとっては、ベラルーシ語のように母音の違いは文字で示してもらった方がありがたいことでしょう。一方でその場合、歴史なども踏まえた語の「根っこ」（語根と呼びます）が見えづらくなります。ロシア語とベラルーシ語で綴りは違っても、実質的には「同じ語」を使っているわけです。また、言語の中でも同じ語根が活用形によってアクセントを持ったり持たなかったりする場合もあり、それによって綴りが変わるとわかりづらくなるのです。

❦ 音声・音韻のバリエーション

　ここからは発音についてさらに掘り下げてゆきます。発音と聞くと多くの方は英語の学習が思い浮かぶかもしれません。言うまでもなく日本語と英語では発音のしくみがいろいろと違うわけですが、具体的に何が違うのかを考えるのは結構難しい話になってきます。

　人間が発する声は「音声」と呼ばれ、その中には母音や子音のほか、アクセントやイントネーションなどがあります。以降は専門的な表記に倣って、音声を示す際に角括弧［　］をつけることとします。少し英語の話に戻ると、日本語よりも豊富な母音（apple の「ア」など）や子音（th の音や r と l など）があり、ここが 1 つの難しさです。アクセントについても、英語は「強弱」をつけて読む一方で、日本語は「高低」の差をつけるといった違いがあります。

　実際にどういった音声が発せられるかといういわゆる「発

音」の話ももちろん重要ですが、問題はそれだけではありません。例えば日本語にも英語にも［m］，［n］の子音があります（松と夏、mineとnineなど）。英語ではこれらが語末にも現れますが（someとsonなど）、日本語では語末でそういった区別はなく、「ン」しかありません。ちなみにローマ字では「ン」をnと綴りますが、語末の「ン」は［n］とはやや異なるものです。このように、ある音声がどういった条件で現れるかという法則性（「音韻的」法則性と呼ばれます）も非常に大切で、言語や方言の間でさまざまな違いが見られます。

スラヴ諸語の母音と子音

　では、スラヴ諸語にはどのような音声や音韻的法則性があるのでしょうか。まずは音声についてです。

　母音については、実は日本語と似た5母音の言語が多く、比較的単純です。ポーランド語ではこれに加えて、「エ」および「オ」の後ろに「ン」のような音が入る「鼻母音」が見られます。またチェコ語やスロヴァキア語では母音に長短の区別が見られますが、日本語のように意味の違いが出る事例（例：「来て」と「聞いて」）は限定的で、長短それぞれの現れ方にある程度の法則性もあります。

　子音についてまず特徴的なのは、さきにポーランド語の話題で触れた「軟子音」と呼ばれるものです。日本語の「拗音」に似ているのですが、言語によって微妙に差があります。これについては後ほど詳しくお話しします。ほかにはそこまで馴染みのない子音はないのですが、いくつか特徴的な

ものがあります。まず、ウクライナ語やチェコ語、スロヴァ
キア語では、ほかのスラヴ諸語で［g］にあたる子音（軟口
蓋閉鎖音と呼ばれます）が摩擦音になっています。チェコの
首都《プラハ（Praha）》もロシア語などでは「プラーガ」
ですし、《ルガンスク（Луганск）》がウクライナ語の《ルハ
ンシク（Луганськ）》に変わったことをご存じの方もいらっ
しゃるでしょう。なおカタカナでは「ハ」と書くしかないの
ですが、元が「ガ」という有声子音であることから、実際の
発音も「濁って」います。ほかにはチェコ語でřと綴る、
［r］と「ジュ」の音が融合したような独特の子音が見られま
す。作曲家《ドヴォルザーク（Dvořák）》の「ルザ」の部分
も実はこの音です。

「軟らかい」子音

　さきほど「拗音」と似ていると述べた「軟子音」について
もう少し詳しく見てみましょう。拗音は小文字のャュョをつ
けて表記しますが、ヤ行の子音は音声記号では［j］と書き、
専門的には「硬口蓋接近音」と呼ばれます。舌で口の中の上
の方を触ってみると、ザラザラした部分とツルツルした部分
があると思いますが、いずれも硬くこれを「硬口蓋」と呼び
ます。そこに舌を近づけて発音するので「硬口蓋接近音」で
す。ちなみに、もう少し口の奥の方は舌ではやや触れにくい
ですが軟らかくなっており、こちらは「軟口蓋」です。拗音
というのはざっくり言えば、もともとの子音よりも「ヤ
行」っぽい音が加わる、すなわち硬口蓋に舌を近づけて発音
される子音です。ただしもう少し詳しく見ると、拗音にも 2

種類あります。「シャ」や「チャ」の発音は「サ」や「タ」に比べると舌の形がかなり異なっていて、完全に硬口蓋の方に近づいています。ちなみにローマ字では sh, ch と書きますが、英語の音よりももっと硬口蓋寄りの子音だと言われています。以降ではこうした子音を「硬口蓋子音」と呼ぶことにします。一方で「ピャ」や「キャ」の発音は、全体的な発音の仕方は「パ」や「カ」とそこまで違いません。特に前者は唇を閉じる「両唇閉鎖音」なのでわかりやすいかと思います。唇を閉じるのは同じですが、口の中で舌をやや硬口蓋の方に近づけることで「ピャ」のようになるのです。こうした音の変化を「二次的硬口蓋化」と呼びます。

　さて本題の「軟子音」ですが、こちらも「硬口蓋子音」と「二次的硬口蓋化子音」の２種類に分類され、言語によって微妙な違いがあります。例としてロシア語やポーランド語で「網」や「ネットワーク」を意味する《シェーチ（сеть/sieć）》を取り上げましょう。ポーランド語（sieć）は日本語のカタカナ表記とほぼ同じ発音で、いずれの子音も「硬口蓋子音」ですが、ロシア語（сеть）はどちらも「二次的硬口蓋化子音」です。後者の発音は世界的にもかなり珍しく、非常に難しいものですが、「ス」や「トゥ」の子音をがんばって出しながら「イ」を挟んで発音するような感じ（スィェ？）です。今は Google 翻訳やウィクショナリーなどで音声も聴けるので、関心のある方はぜひ調べてみてください。

　スラヴ諸語に特徴的な軟子音ですが、言語によってどの子音が「軟らかく」なるかはかなり異なっています。ウクライ

ナ語やロシア語、ポーランド語などでは、日本語と同様にほとんどの子音が軟らかくなりうる一方で、セルビア・クロアチア語やスロヴェニア語、チェコ語やスロヴァキア語においてはかなり限定的で、特に唇子音や [s, z] の軟子音がありません。1 つだけ例を挙げると、「蜂蜜」はロシア語とポーランド語でそれぞれ、《ミョート（мёд）》、《ミュート（miód）》ですが、セルビア・クロアチア語やスロヴェニア語、チェコ語やスロヴァキア語ではいずれも《メート/メード（med）》です。

　ここでもしかすると、前回多くの言語に sh, ch のような音はあると言っていなかったかと疑問に思われる方もいらっしゃるでしょうか。これは非常にややこしい話ですが、「シュ」・「ジュ」・「チュ」のような子音は、スラヴ諸語では「硬い」子音である場合もあるのです。例えばポーランドの首都は原語で《ヴァルシャーヴァ（Warszawa）》ですが、この「シャ」は硬い子音です。実はポーランド語の「シュ」・「ジュ」・「チュ」には硬いものと軟らかいものの両方があり、これが発音の難所となっています。硬い方は「そり舌音」と呼ばれる、舌を丸めて発する子音で、ロシア語やセルビア・クロアチア語でもそうした子音が見られます。「シュ」・「ジュ」・「チュ」における微妙な発音の違いは文字表記には反映されていない場合もあり、例えば ч は「チュ」を表すキリル文字ですが、ロシア語では軟らかく、ウクライナ語では硬いと言われています。ちなみに英語の sh, ch, j の子音は、どちらかと言えば「軟らかい」部類です。

母音の交替

　ここまでどのような音声が見られるかについてお話しして
きましたが、音声がどういう状況で現れるのかという「音韻
的法則性」も重要です。スラヴ諸語の母音は「アイウエオ」
の５つが基本ですが、言語によっては一部の母音の出てく
る条件が決まっています。比較的わかりやすいのはさきに述
べたアクセントとの関連で、ロシア語やベラルーシ語では原
則としてアクセントのない「エ」・「オ」は出現しません。

　ほかには音節構造による制限があります。音節には子音＋
母音の組み合わせによって母音で終わる「開音節」と、子音
＋母音＋子音の組み合わせによって子音で終わる「閉音節」
があります（最初の子音はない場合もあります）。日本語で
は開音節が多数派ですが、スラヴ諸語では子音で終わる語も
多く、閉音節がよく出現します。近年ロシア語の「キエフ」
（Киев）からウクライナ語の《キーウ（Київ）》への名称変
更が話題となりましたが、実はこの違いも音節構造が関係し
ています。まず前提として語根は共通であり、どちらも子音
で終わる閉音節です（「ウ」は［w］の子音です）。ウクライ
ナ語では閉音節で「エ」・「オ」が出づらいという法則性があ
り、「エ」が「イ」に変化しました。その結果が「キーウ」
です。《ハリコフ（Харьков）》が《ハルキウ（Харків）》に
なったのも同じ理屈で、こちらは「オ」が「イ」に変化して
います。同様の変化はポーランド語でも見られますが、こち
らは「オ」が「ウ」に変わります。例えば《クラクフ
（Kraków）》という街の名前も、末尾は「キーウ」や「ハル
キウ」（さらにはロシアの「ロストフ」）などと語源的に同

じものです。そのため「キーウ」はポーランド語で《キユフ（Kijów）》のようになります。

　なお、ロシア語では「エ」にアクセントがない関係で、「キエフ」が実際の発音としては《キーイフ（Киев）》のようになります。また、ウクライナ語で「キーウへ」と言いたい場合は活用語尾がつく関係で開音節に変わり、《ド・キーイェヴァ（до Києва）》と「エ」が出現します。このように語形によって音が変わることを「交替」と呼びますが、文法的な形の変化については3章で概説します。

子音の「軟化」

　子音についてもいくつか法則性があります。さきほど軟子音の話をしましたが、言語によっては後続の母音が「イ」や「エ」の場合に子音が「軟らかく」なる現象が見られます。これらの母音は舌の前方を動かして発音するので「前舌母音」と呼ばれるのですが、結果的に舌が硬口蓋に近づくため、先行子音も同じような発音になりやすいことが言われており、「硬口蓋化」と呼ばれています。実は日本語でも、「シ」や「チ」はローマ字で shi, chi と書かれる通り「サ」や「タ」とは異なる子音になっていて、これらは「シャ」や「チャ」と同じ硬口蓋子音です（拗音とは呼ばれませんが）。一方で「セ」や「テ」では何も変化は生じていませんが、一般に「エ」よりも「イ」の方がこうした変化を起こしやすいと言われています。ウクライナ語はまさに日本語と同様で、《ゼレンシキー（Зеленський）》大統領の「ゼ」は硬い子音である一方、「星」を意味する《ジールカ（зірка）》の「ジ」

は軟子音です。しかしロシア語やポーランド語では「エ」の直前でも子音の軟化が起こります。例えばかつての巨大国家《ソヴィエト（Совет）》連邦の「ヴィエ」の部分は、実際には軟らかい［v］に「エ」が連続しています。挨拶でもよく使われる「1 日」を意味する語も、ロシア語では《ディェニ（день）》、ポーランド語では《ジェニ（dzień）》ですが、ウクライナ語は《デニ（день）》のようになります。

　なお、こうした子音の軟化とは逆に、前舌母音以外の前に軟子音が制限されることもあります。特に［k］、［g］の軟子音は、スラヴ諸語を通じてもっぱら「イ」や「エ」の直前に限られ、日本語の「キャキュキョ」のような音は見られません。このため「東京」は「トーキオ」のように発音されます。また、音節末で軟子音が制限されることもあります。さきほど《ハリコフ（Харьков）》から《ハルキウ（Харків）》への移行について述べましたが、ロシア語の「リ」の部分に母音はなく軟子音で音節が終わっています。ウクライナ語にも［r］の軟子音はあるものの、音節末では硬い子音しか現れず、「ハルキウ」のようになるのです。同様に「皇帝」を意味する《ツァーリ（царь）》も、ウクライナ語では《ツァール（цар）》と発音されます。

音声・音韻から見える言語の多様性と連続性

　ここまでスラヴ諸語の「音」についていろいろとお話ししてきましたが、これはあくまでもほんの一部です。複雑な話も多くなってしまいましたが、ぜひ感じていただきたいのは、いわゆる「発音」というのは言語の多様性が最も顕著に

現れる点だということです。語彙や文法の面では類似性を
保っているスラヴ諸語の間でも、本当にさまざまな違いが見
えてきます。これは日本語の方言などを考えてみてもわかり
ます。

　日本語でも方言によって少なからぬ違いが見られるわけで
すから、当然ながらスラヴ諸語にも多様な方言差がありま
す。本章で取り上げたのはいわゆる標準語に関する特徴で、
方言まで考えるとさらに多様です。後の章で一部はお話しし
たいと思いますが、方言を見ることによって相違点だけでな
くことばの連続性も見え、全体として「スラヴ語」の共通性
も浮かび上がってくるという側面もあります。前章で歴史の
話をしましたが、言語の祖先ないし源流を推定する作業にお
いては、方言も含めた現代の多様なパターンを比較してゆく
のです。

　なお本書ではわかりやすさのため、原則カタカナ表記を試
みていますが、当然ながら正確な発音は示すことができてい
ません。今は翻訳ツールや動画コンテンツなどいろいろな
サービスが活用できるので、ぜひとも実際の音に触れてみて
ください。

第 3 章

ことばは生き物──形態変化と語形成

　外国語を学ぶ際、文字、発音の次に出てくるのは文法です。当然ながら言語によって多くの違いがありますが、スラヴ諸語の特徴は１つの語がさまざまな形で出てくる点で、それゆえなおさら「難しい！」と思う方が多いようです。この章ではほんの一部ですが、そうした文法的特徴のほか、語の作りについて少しお話ししてゆきます。

♀ 名詞の性・数・格

　冒頭でも少し触れましたが、日本語の名詞は「活用」しません。一方、英語を考えてみると「複数形」がありますが、こうした単数と複数の区別はスラヴ諸語にもあります。次に、スラヴ諸語をご存じなくても、ドイツ語やフランス語などで「女性名詞」や「男性名詞」といった分類を聞いたことがある方もいらっしゃるかと思います。スラヴ諸語には「女性」・「男性」・「中性」の３つの「性」があります。加えて重要なのが「格」です。日本語では「太郎が」と「太郎を」ではそれぞれ文の中での役割が違いますが、この「が」や「を」は格助詞と呼ばれます。一方で多くのスラヴ諸語では、こうした違いを名詞の語尾を少し変えることによって示すのです。まとめると、名詞には「性」の分類があり、それぞれ「数」と「格」によって形を変えます。

　人を表す名詞はともかく、物や事を指す語の「性別」とい

うのは何とも不思議な感じがします。スラヴ諸語の間でおおよそ共通の語彙を例に挙げると、「川」は女性、「海」は中性、「森」は男性です。ただし、経緯はいろいろとあるのでしょうが、実はほとんどの名詞については語尾を見ると簡単に性がわかります。女性名詞は「ア」、中性名詞は「オ」・「エ」でそれぞれ終わり、男性名詞は子音で終わるのが標準的です。表１にいくつかの言語の例をまとめました（キリル文字にはラテン文字転写を併記します）。

	ウクライナ語	ロシア語	ポーランド語
女性 (川)	pika (rika)	река (reka)	rzeka
中性 (海)	море (more)	море (more)	morze
男性 (森)	ліс (lis)	лес (les)	las

表１　スラヴ諸語における名詞の性

　「数」については英語などでおなじみの「単数」と「複数」がどの言語にもあるのですが、難しいのは「性」によって複数形も語尾が異なる点です。例えばロシア語の「ピロシキ」や「ボリシェヴィキ」といった単語は、実は複数形で「イ」の語尾がついているのですが、これは男性名詞の複数語尾です。ロシア語では女性名詞も同様である一方、中性名詞は「ア」の語尾がつきます。また、古代においてはそれに加えて「双数」と呼ばれる「２つ」を表す特別な形がありました。現代でもスロヴェニア語に残っているのですが、ほかのスラヴ諸語においても、２つであることが一般的な「目」

39

といった語に名残が見られます。

　これだけでもなかなか大変ですが、一番の難関、ラスボスは「格」でしょう。古代のスラヴ語においては 7 つの格があり、現在もブルガリア語とマケドニア語以外ではほとんどが残っています。一部を除いてそれぞれ語尾が異なるのですが、さらに上述の「性」・「数」によってさらに語尾が変化するほか、歴史的経緯によって生じたいくつかの不規則変化が見られ、非常に複雑です。以下に概要を述べます。

名詞の格

　1 つ目の格は「主格」で文字通り主語の役割を果たします。英語の人称代名詞で言えば I や she, he がこれにあたり、聞き覚えのある方も多いことでしょう。単数の主格は辞書に見出し語として掲載されている言わば基本形で、「辞書形」と呼ばれることもあります。2 つ目の格は「生格」と呼ばれますが、これはスラヴ語学における名称で、より一般的には属格と言われるものです。また、ラテン語において見られた「奪格」の役割も担っていると言われます。役割はやや複雑ですが、おおよそ「〜の」という所有や所属を示すほか、「〜から」・「〜による」などの前置詞とともに用いられます。また、スラヴ諸語では個数や数量を表す際、「3 つの〜」などではなく、生格を用いて「〜の 3 つ」のように表現します。3 つ目は「与格」で、英文法で言うところの間接目的語、すなわち動作が行われる対象を主に表します。一方 4 つ目の「対格」は直接目的語、動作を直接受ける事物を表します。もしこれを「殺格」と呼べば「生殺与奪」という感

じになります（殺される対象ももちろん対格で示します
が）。ここまではスラヴ諸語以外でも比較的見られるもの
で、名詞が変化しない英語でも文構造を考える際に概念とし
ては登場するものかと思います。

　ここからは独特のものが登場しますが、実は言語によって
文法書の変化表に書かれている順番が若干異なります。以下
では古代スラヴ語および現代語の多数派の順番にしたがって
紹介します。5つ目は「造格」という主に手段や道具を表す
もので、一般言語学では「具格」と呼ばれます。ただし用法
はそれだけでなく、「〜と一緒に」という前置詞や、位置を
表す前置詞のいくつかとともに使われます。6つ目は「前置
格」と呼ばれるものですが、古代（および一部の現代語）に
おいては「処格」ないし「所格」と呼ばれ、主に場所を示す
ものです。現代語ではセルビア・クロアチア語の《ウ　ザグ
レブ（u Zagrebu）》「ザグレブで」のように必ず前置詞とと
もに用いられるため、「前置格」という呼称が定着しました。
最後に7つ目の「呼格」ですが、これは文字通り呼びかけ
に用いられ、ラテン語やギリシャ語にも見られたものです。
なおロシア語では基本的に呼格がないのですが、キリスト教
関連のものを中心にいくつかの語には残っており、英語の
Oh, my God! にあたる言い方は《ボージェ　モイ！（Боже
мой!)》となります（「神」の辞書形は《ボーフ（Бог)》）。

　参考までにウクライナ語の「友人」という語の変化（単数
のみ）と、代表的な用例を表2にまとめます。なお、ラテ
ン文字転写を併記しました。

		主な用例
主格	друг (druh)	Прийшов **друг**.「友人が来た」
生格	друга (druha)	сестра **друга**「友人の姉 / 妹」
与格	другу (druhu)	писати **другу**「友人に（手紙などを）書く」
対格	друга (druha)	запросити **друга**「友人を招待する」
造格	другом (druhom)	з **другом**「友人と一緒に」
前置格	другу (druhu)	※人物にはあまり用いられない
呼格	друже (druzhe)	**Друже!**「友よ！」

表2　ウクライナ語における「友人」の格変化

形容詞との関係

　ここまでは名詞単体の変化について見てきました。では例えば「新しい家」のように形容詞が修飾する場合はどうでしょうか。嫌な予感がすると思いますが、形容詞もやはり変化するのです。実は古代語においては、形容詞は名詞とくっつくものということで、各変化形の語尾もおおむね同様だったのですが、歴史的変化の結果、現代語では形容詞独自の語尾がつく言語が多く、さらに難しくなってきます。

　形容詞＋名詞の組み合わせは、地名にも登場します。「ベラルーシ」はかつて「白ロシア」と呼ばれていましたが、語源は《ベラ（бела）》（「白」の女性形）＋「ルーシ」です。「白」がつく地名はほかに「ベオグラード」があり、《ベオ

（бео/beo）》はセルビア・クロアチア語（のセルビア方言）で「白」の男性形です（「グラド」は「都市」）。なおロシアのウクライナ国境と近い地域に「ベルゴロド」（元の語としては、ベル＋ゴーラト）という街もあり、戦争関連でしばしばニュースに登場しますが、こちらも語源的には同様です。こうした例から、修飾対象の名詞によって形が変わることがわかります。《ルーシ（Русь）》は（子音で終わりますがやや特殊な）女性名詞、《グラド（град/grad）》や《ゴーラト（город）》は男性名詞で、名詞の性に合わせて形容詞の性が決まるのです。ただしこれらは語源として形容詞＋名詞の組み合わせですが、形容詞の部分は変化しません。一方、戦争の中で悲惨なダム破壊のあったウクライナの《ノヴァ・カホフカ（Нова Каховка）》の「ノヴァ」は「新しい」の女性形で、セルビアの《ノヴィ・サド（Нови Сад/Novi Sad）》の「ノヴィ」は男性形ですが、これらは形容詞・名詞ともに変化します。「ノヴァ・カホフカで」はウクライナ語で《ウ ノヴィー・カホフツィ（у Новій Каховці）》、「ノヴィ・サドで」はセルビア・クロアチア語で《ウ　ノヴォム・サドゥ（у Новом Саду/u Novom Sadu）》となります。

　形容詞は人の名字にも見られます。ゼレンスキーやドストエフスキー、チャイコフスキーなどの「～スキー」という名字はおなじみですが、これはロシア語の形容詞語尾で、名詞ではなく形容詞のように変化します。このため、男性に対しては「～スキー」という男性形ですが、女性に対しては「～スカヤ」という女性形が用いられます。スポーツ選手などでそういった名字を聞いたことがあるのではないでしょうか。

ウクライナ語では少し音が異なり、男性形は「〜シキー」、女性形は「〜シカ」となります。ですからウクライナのファーストレディの名字は《ゼレンシカ（Зеленська）》なのです。また、現代語の一般的な形容詞とは形が異なるのですが、プーチンなどの -in、ゴルバチョフなどの -ov といった語尾も古い形容詞のもので、女性形があるほか、名詞とはやや異なる変化となります。固有名詞が変化するというのは、学習者にとってはたいへん厄介です。

♀ 動詞の時制とアスペクト

　ここから動詞の話に移ります。動詞の変化と言えば、英語の過去形や過去分詞などが思い浮かぶのではないでしょうか。このうち過去形については、現在形や未来形とともに「時制」と呼ばれるもので、呼び名の通りできごとの時間関係を示しています。英語にはさらに「現在進行形」や「現在完了形」のようなものもありますが、こういった表現についてスラヴ諸語ではしくみが異なります。そもそも物事が進行中なのか完了済なのかというのは、過去・現在・未来とは違う次元の話で、英語でもそれぞれについて「進行形」や「完了形」があります。

　過去・現在・未来という時制に対して、「進行」や「完了」は言語学においてアスペクト（相）と呼ばれます。英語ではこれを助動詞と動詞の変化形で表すわけですが、スラヴ諸語ではそもそも異なる動詞で表現されます。スラヴ語学では「体」と称されるもので、動詞には「完了体」と「不完了体」があります。一例を挙げると、ロシア語で「書いてい

教養検定会議の二つの双書　新刊・既刊

判型はすべて新書判、2021 年から刊行を開始しています

新刊 リベラルアーツ言語学双書 3

「やわらかい文法」

定延利之 著 / 3月10日発売 / 定価 1500 円＋税

フツーの人たちの「ちょっと面白い話」を 600 話も集めてビデオに取り、字幕を付けてウェブ公開した「ちょっと変わった言語学者」の楽しい文法書 / キーヴ（状況次第で非意図的に変わる人間の部分）/ きもちの文法（きもちを表せば発話が自然になる？）/ 心内表現における自己／他者の区別（自己らしさの減衰、アニマシーの退色…）/ 発話の権利とコミュニケーション（責任者／体験者の特権性…）/ 人々の声（空気すすり、口をとがらせた発話、口をゆがめた発話、…）

新刊 リベラルアーツコトバ双書 6

「ウクライナ・ロシアの源流　―スラヴ語の世界―」

渡部直也 著 / 4月10日発売 / 定価 1500 円＋税

戦争の時代にスラブ語の研究をしている若手著者による貴重な記録。初の単行本。
/ スラヴ諸語とは？ / 中欧・東欧言語紀行（スラヴ諸語の歴史と地理）/ スラヴ語の世界：Я は R じゃない！（文字について）/ キーウとキエフは何が違う？ / 動詞の「顔」と「体」/「ありがとう」を伝えよう /「看護婦」や「女教師」は差別？ / 言語と国家、戦争 / 今ウクライナで起こっていること

ことばに関する幅広いトピックを気軽に読めるシリーズ

★ リベラルアーツコトバ双書

1 日本語のふしぎ発見！　～日常のことばに隠された秘密～

　　岸本秀樹 著 / 定価 1000 円＋税

　　内容の理解を深めるイラスト 48 枚を収録

2 言語学者、外の世界へ羽ばたく
　　～ラッパー・声優・歌手とのコラボから
　　プリキュア・ポケモン名の分析まで～

　　川原繁人 著 / 定価 1000 円＋税

　　本シリーズのベストセラー

3 中国のことばの森の中で
～武漢・上海・東京で考えた社会言語学～

河崎みゆき 著 / 定価 1500 円＋税

中国社会言語学に関する初の日本語の入門書。中国語が
わからなくても読め、社会言語学の概念や用語、そして
ことばと社会の関係を、関連するエピソードや研究を通
してわかりやすく解説。

4 jsPsych によるオンライン音声実験レシピ

黄竹佑・岸山健・野口大斗 著 / 定価 1500 円＋税

ウェブブラウザを使用したオンライン音声実験の入門書。対面実験が再開さ
れつつあるなかでも、地理的・時間的制約が少なく、コストや効率の面でも
色あせないオンライン実験。魅力的な実験手法をあなたの新たなレパート
リーに。

5 自然言語と人工言語のはざまで
～ことばの研究・教育での言語処理技術の利用～

野口大斗 著 / 定価 1500 円＋税

コンピュータが言語を生成できる時代にことばとどう付き合うべきか？ プ
ログラミング言語（人工言語）とことば（自然言語）のはざまで生きること
を余儀なくされたわたしたちが、AI とひとくくりにして言語処理技術をブ
ラックボックスにしないために。

言語学を本格的に学びたい方へ、わかりやすく解説するシリーズ

★ リベラルアーツ言語学双書

1 じっとしていない語彙

西山國雄 著 / 定価 1000 円＋税

2 日本語の逸脱文
～枠からはみ出た型破りな文法～

天野みどり 著 / 定価 1000 円＋税

2024 年 3 月現在、近刊『未来の言語学入門』岸山健 著 2024 年 12 月刊

た」のように言う場合は、《ピサーラ（писала）》のように
不完了体の動詞を使い、「書いた（書き終わった）」のよう
な場合は、《ナピサーラ（написала）》のように完了体の動
詞を使います（なお、ここに挙げているのは女性形ですが、
これについてはのちほどお話しします）。完了体には「ナ」
という接頭辞がついていますが、動詞によって異なる接頭辞
がついたり、逆に不完了体の形を変えたりなど、とにかく複
雑です。中には動詞の変化と言えるようなものもあるのです
が、基本的にはそれぞれの体を別の動詞として覚えるしかな
いのです。

　時制については、古代スラヴ語ではやや複雑であったもの
の、現在は多くの言語で過去・現在・未来の体系となってい
ます。ただし、完了体については現在形がありません。現在
行われている動作なのだから、「完了する」ことはないとい
う発想ですが、これは英語の「現在完了」とは違った考え方
です。多くのスラヴ諸語における時制と「体」の体系はおお
むね表 3 のようにまとめられます。

	不完了体	完了体
過去	過去における進行中の動作や状態、習慣的な行動など	過去のある時点において完了した動作
現在	現在における進行中の動作や状態、習慣的な行動、これから行おうとしている動作など	（なし）
未来	未来において進行中と思われる動作や予想される状態	未来のある時点で完了すると思われるないし完了させようとする動作

表 3　スラヴ諸語における時制と体

なお、ブルガリア語やマケドニア語では独自の複雑な体系が発達しました。さきほどこの 2 言語は名詞の格変化がないというお話をしましたが、その代わりに動詞が複雑です。

過去形
　それではここからは具体的な動詞の形についていくつか見てゆきます。まず過去形ですが、実は多くのスラヴ諸語では動詞の活用形としての「過去形」は失われています。ではどのように過去を表すのかということですが、英語の「完了形」のように助動詞と分詞を組み合わせた形が広く見られます。具体的には、be 動詞にあたる助動詞の現在形と、「エル分詞」と呼ばれる過去分詞のような活用形をつなげています。実はこれが古代語における一種の完了時制だったのですが、スラヴ諸語では完了体と不完了体の区別が発達したため、多くの言語では「過去形」として確立したのです。
　では「エル分詞」とはどういうものなのでしょうか。英語の分詞を思い出してみると、完了形や進行形、あるいは受動態において登場するほか、「踊っている人」のような表現で修飾語として使われています。つまり形容詞と同じような役割をしているわけです。さきに形容詞が名詞に合わせて活用するということをお話ししましたが、スラヴ諸語における分詞もおおむね形容詞のようにふるまいます。ただし「エル分詞」については名詞を修飾するわけではないので、格の変化はなく、性と数によって変化します。どういうことかと言うと、主語が女性なのか男性なのか（人でない場合は名詞の性）、単数なのか複数なのかによって形が変わるのです。表

4 にチェコ語の「話す」（不完了体）の過去形の例を挙げます（jsem, jsme はそれぞれ、be 動詞の 1 人称単数・複数にあたるものです）。

	単数	複数
男性	jsem mluvi**l**	jsme mluvi**li**
女性	jsem mluvi**la**	jsme mluvi**ly**

表 4　チェコ語における過去形（1 人称）

太字の部分が「エル分詞」の語尾ですが、[l] という子音で始まっているのでそのような名前がついています。なお、チェコ語では 3 人称で be 動詞が省略され、ウクライナ語やベラルーシ語、ロシア語ではそもそも be 動詞の現在形がなく、こういった場合はエル分詞のみで過去を表します。また、ポーランド語ではエル分詞の後ろに be 動詞の一部が語尾として融合する独特の形が使われていますが、3 人称ではそのような語尾がつきません。

　特に着目すべきは、「私は」と自分のことを言う場合、女性は女性形を、男性は男性形を使うわけですから、性質は違いますが一種の「女言葉」・「男言葉」のようにも感じられます。モスクワにいるとある知人は、男性を自認する（生物学的）女性で、過去形に男性形を使っていたことが印象に残っています。

現在形・未来形と人称による変化

　さきほど触れたように、現在形は基本的に不完了体にしかありません。英語の場合は現在形がほぼ動詞の基本形（辞書

形）ですが、スラヴ諸語の場合はだいぶ事情が異なり、辞書
形は一部の言語を除いて「不定形」と呼ばれるものです。こ
れは文字通り時制などが定まっておらず、「〜すること」と
いった意味で使われます。英語にも「不定詞」があります
が、これに近いものです。なお英語では命令形も辞書形です
が、スラヴ諸語ではこれにも独自の活用形があります。

　では現在形はどうなっているかと言うと、主語の「人称」
と「数」によって活用します。英語にも be 動詞だと am や
is などがありますが、こういった変化がほかの動詞でも見
られるのです。ただし完全に違う形になるわけではなく、基
本的には名詞の変化と同様に語尾だけが変わります。

　不完了体の現在形の一例として、表 5 にセルビア・クロ
アチア語の「話す」の活用を挙げます。チェコ語と違う語彙
が使われていることもわかるでしょう。

	単数	複数
1 人称	говор**им** / govor**im**	говор**имо** / govor**imo**
2 人称	говор**иш** / govor**iš**	говор**ите** / govor**ite**
3 人称	говор**и** / govor**i**	говор**е** / govor**e**

表 5　セルビア・クロアチア語における現在形

このような活用があるため、1 人称および 2 人称では「私」
や「あなた」といった語を言わなくても主語がわかり、特に
強調しない場合は省略されることが多いです。ウクライナの
テレビ放送でよく《ペレモージェモ（Переможемо!）》と
言っているのを聞きますが、これは「勝利する」の 1 人称
複数形で、主語なしで「我々は勝つ！」と言っているので

す。

　実はこの「勝つ」は未来形ですが、こちらは体によって事情が異なります。完了体については、表 5 で示したような不完了体の現在形のような活用で「未来形」となります。《ペレモージェモ（Переможемо!）》も意味からわかるように完了体です。すなわち動詞の形としては、不完了体の「現在形」と完了体の「未来形」は同じということです。言語学でも一般に、動詞の形としては「過去」と「非過去」で対立すると言われており、多くのスラヴ諸語においても「非過去形」が体によって「現在形」となったり「未来形」になったりするわけです。一方で不完了体の未来形については、多くの言語で英語と同様に助動詞に動詞をくっつけるのですが、will のような独自の助動詞ではなく、be 動詞の未来形を使います。また、本動詞の形は言語によって不定形であったりエル分詞であったりと違いが見られます。なお、複雑な時制を持つブルガリア語とマケドニア語のほか、セルビア・クロアチア語やウクライナ語では異なる形で未来形を作ります。

❦ 表現と語彙

　ここまで文法について概説してきましたが、ここからは代表的な表現を取り上げながら語彙についても見てゆきましょう。定型表現ではありますが、その中にさまざまな品詞とその変化形が潜んでいます。

感謝のことば

　人との関わりにおいて相手への感謝は欠かせません。「あ

りがとう」は多くの言語で英語と同じように、「感謝する」という動詞を用いて表しますが、スラヴ諸語の場合はここに活用が関わってきます。基本的に主語は「私」ですから、1人称単数形を使い、主語の部分は通常言いません。ブルガリア語では《ブラゴダリャ（Благодаря.）》と言いますが、これはスラヴ系の語彙で、ロシア語やセルビア・クロアチア語にも同じ語源の動詞があります。しかしながら日常会話で「ありがとう」と言う場合、ロシア語では《スパシーバ（Спасибо.）》、セルビア・クロアチア語では《フヴァーラ（Хвала. / Hvala.）》と異なる表現が使われるのです。このように、仮に語源が同じ語彙が存在しても、定型表現においては言語ごとの特徴が見られることもよくあります。ちなみに《スパシーバ（Спасибо.）》は「神よ救いたまえ」が基になっていると言われており、《フヴァーラ（Хвала. / Hvala.）》は「賛美」といった意味で、いずれもスラヴ系の語彙です。

　一方でポーランド語の《ジェンクーイェ（Dziękuję.）》やチェコ語の《ジェクイ（Děkuji.）》、スロヴァキア語の《ジャクイェム（Ďakujem.）》は、実はもともとドイツ語の Danke. などと共通のゲルマン系の語彙です。西スラヴでは地理的および歴史的事情から、このような外からの語彙の導入がよく見られます。次章で述べますが、東スラヴに分類されるウクライナ語やベラルーシ語も、ポーランド語との接触からこうした語彙が多く見られ、ロシア語との語彙的な差異が顕著です。ただしこれはあくまでも標準語の規範について見た場合の話であり、実際には地域差や個人差もあります。ウクライナ語の教科書を見ると、「ありがとう」は《ディャークユ（Дякую.）》

というポーランド語などと共通の語彙が紹介されているかと思いますが、ロシア語に近い《スパシービ（Спасибі.）》もよく聞かれます。

「こんにちは」と「さようなら」

　「おはよう」や「こんばんは」といった言い方は、英語の *Good morning.* や *Good evening.* と同じような「よい○○」を意味する表現でおおむね共通しています。しかし英語の Hello. のような時間を問わない基本的な挨拶については、言語によって違いが見られます。ロシア語では、フォーマルな場面で使われる《ズドゥラーストヴィティェ（Здравствуйте.）》のほかに、親しい相手に用いられる《プリヴィェート（Привет.）》があります。ウクライナ語でもこれと類似した《プリヴィート（Привіт.）》という言い方も見られますが、フォーマルな場面では《ヴィターユ（Вітаю.）》と言います。興味深いのは、後者の語と根っこは同じ語彙が、ポーランド語やチェコ語では「ようこそ」の意味で使われているところです。なおこれらはスラヴ系の語彙ですが、例えばチェコ語などでは親しい人の間で「チャオ」のように言うことも多いです。

　一方「さようなら」については、おおむね「また会える日まで」のような表現ですが、言語ごとに使われる語彙が異なります。ロシア語では《ダ　スヴィダーニヤ（До свидания.）》、ウクライナ語では《ド　ポバチェンニャ（До побачення.）》、ポーランド語では《ド　ヴィゼーニャ（Do widzenia.）》と言いますが、いずれも до/do という前置詞がついていて、これが「～まで」という意味です。その後は語彙が異なるも

のの、いずれも「会うこと」もっと言えば「見かけること」という名詞が単数生格の形で用いられています。なおセルビア・クロアチア語では、ポーランド語とほぼ同じ《ドヴィジェーニャ（Довиђења. / Doviđenja.）》と言います。一方チェコ語では《ナ　スフレダノウ（Na shledanou.）》と言いますが、ここでは na という別の前置詞が使われているほか、その後の名詞も異なり、さらには対格となっていますが、元の意味は共通です。

　ちなみにこうした挨拶は、店に入る時あるいはレジに買うものを持って行く時、そして店を出る時に必ず言います。日本ではどちらかと言うと「すみません」や「どうも」ですべて済ませてしまう傾向がありますが、あちらでは店員も客も関係なくこうした挨拶をするわけです。もしも実際に旅行などでいらっしゃることがありましたら、ぜひ使ってみてください。

「月」の言い方

　文法とは離れるのですが、語彙の違いに関して興味深いのは「〜月」の言い方です。英語と同じように数字ではなく、固有の名詞を用います。ここで注目すべきなのは、スラヴ諸語特有の語彙を使う言語と、英語に似たローマ由来の語彙を用いる言語とがある点です。表６にいくつかの言語の比較表を示します（比較のため、キリル文字にはラテン文字転写を併記します）。ロシア語以外は独特の語彙が使われていることがわかります。また、使われている語彙が共通している場合もあるほか、共通の語彙でも示す月がずれている場合も

あります。なおここでは「クロアチア語」としていますが、セルビアの方ではロシア語と同様にローマ由来の語彙が使われています。このほか、類似しているチェコ語とスロヴァキア語についても、前者は固有の語彙、後者はローマ由来の語彙といった違いが見られます。

	ウクライナ語	ポーランド語	クロアチア語	ロシア語
1月	січень (sichen')	styczeń	siječanj	январь (yanvar')
2月	лютий (lyutyy)	luty	veljača	февраль (fevral')
3月	березень (berezen')	marzec	ožujak	март (mart)
4月	квітень (kviten')	kwiecień	travanj	апрель (aprel')
5月	травень (traven')	maj	svibanj	май (may)
6月	червень (cherven')	czerwiec	lipanj	июнь (iyun')
7月	липень (lypen')	lipiec	srpanj	июль (iyul')
8月	серпень (serpen')	sierpień	kolovoz	август (avgust)
9月	вересень (veresen')	wrzesień	rujan	сентябрь (sentyabr')
10月	жовтень (zhovten')	październik	listopad	октябрь (oktyabr')
11月	листопад (lystopad)	listopad	studeni	ноябрь (noyabr')
12月	грудень (hruden')	grudzień	prosinac	декабрь (dekabr')

表6 スラヴ諸語における月の名称

♔ 日々更新されることばと向き合う

　スラヴ諸語における語彙は、当然ながらたがいに似通った
ものも多い一方で（写真6）、さまざまな歴史的経緯からあ
る言語に特有のものも生じています。どの言語にも長い歴史
があり、結果として、ここまで見たような日常的な会話表現
などにおいても細かい違いが出ることも多くあります。これ
自体はとても興味深いことですが、他方で「スラヴ語」とし
ての特徴は見えづらくなってしまう面もあるわけです。言語
において古くから使われている語彙には、非常に多様な背景
が関わっており、それらは必ずしもその言語の特性を反映し
たわけではありません。

写真6　スラヴ諸語の「おみやげ」
（スロヴェニア リュブリャナ　2017年9月著者撮影）

　そのため言語学の研究においては、言語の性質そのものを

明らかにするために「新しい」動きに着目しています。流行語や若者言葉もその1つで、次々と新しいものが生まれては消えてゆくので追いかけるのはなかなか大変ですが、非常に興味深いところです。もちろん言語に定着してゆくものもあり、中には辞書に掲載されることもあります。

　あまり縁起（？）のよい例ではありませんが、「コロナ」ということばを考えてみましょう。そもそも「コロナ」そのものはウイルスの形状を表しているだけで、本来は単体でそれが特定のものを指すわけではありませんね。同様の例は「ケータイ」にも言えますが、非常によく使われる複合語（コロナウイルスや携帯電話など）について、一部のみを切り取ってしまうわけです。さらに「コロった」とか「コロカス」のような派生語も生まれますが、これらも「コピー」から「コピった」や「完コピ」のような語が派生するのと同じ仕組みです。このように新しく広まった語に対して加えられるさまざまな操作を見ることで、日本語の特徴がわかってきます。

　ちなみにスラヴ諸語では英語の COVID を借用していますが、例えばポーランド語での zaraził(a) się covidem「コロナにかかった」のように格の変化（ここでは造格）が生じるなど、各言語の文法的特徴が現れます。以下では新語や新しい外来語などを中心に、いくつか事例を挙げてゆきます。

人名・地名に関するあれこれ

　国際的に話題の人物について報道する場合、本来の発音や表記をそのまま反映するのが難しいこともあります。日本で

はもっぱらカタカナ表記にし、ほぼ日本語風の発音になってしまいます。名詞・形容詞の変化のところで触れましたが、スラヴ諸語における人名にはさまざまな文法事項が関わっており、外国の人名を言う際にも問題となります。

　特に重要なのが、語尾と「性」の関係です。まず男性名詞については、原則子音で終わり、スラヴ系の男性名でもおおむね同様です。「ドナルド・トランプ」や「バイデン」、「イーロン・マスク」など、子音で終わる外国の人名についても、「男性名詞」として扱われるのはもちろんですが、男性名詞の活用に合わせて語尾が変化します。例えばゼレンスキー大統領が「バイデン（大統領）と」会談したとウクライナ語で報じる場合は、《ズ　バイデノム (з Байденом)》のようになるのです [1]。一方で「オバマ」や「キシダ」のように [a] で終わる場合もありますが、これは原則「女性名詞」の語尾だとお話ししました。しかし実はもう少し複雑な事情があります。例えばロシア語で《カリェーガ (коллега)》「同僚」という名詞があり、語尾は女性名詞と同じように変化しますが、当該の人物が男性の場合は「男性名詞」として扱うと定められています。そのため形容詞が修飾する場合、男性形が用いられます。外国の人名についてもこれと同様に、[a] で終わる場合は「男性名詞」として扱いつつ、女性名詞の語尾のように変化するのです。ですから「岸田（首相）と」会談する場合はバイデン氏などとは異なる語尾がつき、《ス　キシドユ (з Кішідою)》となります [2]。ちなみに「ワーニャ」（イワンの愛称）などの愛称においても語尾は女性名詞のようになっていますが、扱いとしては男性名詞で

す。もちろん［a］で終わる女性名については、問題なく女性名詞と同様の変化が生じます。こうしたスラヴ語風の名詞変化の適用は地名にもおよび、例えば「ベルリン」なら子音で終わるので男性名詞になり、「大阪」なら［a］で終わるので女性名詞です。ロシア語だと「大阪で」は《ヴ　オーサキェ（в Осаке）》と発音され、「お酒」や「大崎」のように聞こえてしまいます。

　では、子音で終わる女性名の場合はどうでしょうか。政治関係では「メルケル」や「フォンデアライエン」、芸能人では「（ジュリア・）ロバーツ」や「（エマ・）ワトソン」などの名前があります。実はこれもいろいろと複雑で、多くの言語では男性名と違って変化させないという法則性が見られます。以前多くの名字に「女性形」と「男性形」があるというお話をしましたが、そういった区別のないものもあって、ウクライナ系に多い -к や -енко で終わる名字が代表例です。このうち -к については、男性の名字としては男性名詞として通常の変化が生じるのですが、女性の名字として使われる場合は変化しません。言い換えると、女性の名前に「男性」の語尾はつけられないということでしょうか。外国の女性名にも恐らくこの法則が適用されていると考えられます。ただしチェコ語やスロヴァキア語は過激（！）で、なんと勝手に -ová という名字の女性形の語尾をつけており、《メルケロヴァー（Merkelová）》のようになってしまいます[3]。向こうのニュース記事で見た時には衝撃を覚えたものです。

　さらには、「オオタニ」や「アベ」など、そもそもスラヴ語の女性名詞や男性名詞のいずれにも当てはまらないような

名字もあります。これについては大きく分けて、名詞の活用を「諦める」パターンと、「無理やり」語尾をくっつけて活用させるパターンとがあります。ウクライナ語やロシア語は前者で、格によらず元の名前を（場合によって発音は多少調整して）そのまま読みます。一方チェコ語やポーランド語、セルビア・クロアチア語などでは、元の名前の後ろ、あるいは元の名前から最後の母音を消したものに語尾をつけて活用させます。例えばセルビア・クロアチア語で「安倍晋三（首相）と」会談したと言う場合、《サ　シンゾム・アベオム（sa Shinzom Abeom）》のようになります[4]。ここまで来ると何が何だかわかりません（笑）。

外来語の受容

　時代の移り変わりとともに、外国からさまざまな文化あるいは技術などを取り入れてゆくわけですが、当然ながらそういったものを指すことばも必要になってゆきます。スラヴ諸語では、広く言えばヨーロッパ文化ということもあり、翻訳はせず外来の語彙に若干の調整を加えて使うのが多数派です。これは世界的な傾向だと思いますが、近年は英語の影響がやはりとても目立ちます。

　ただし外来語を使う場合についても、必ずしも「そのまま」というわけにはゆきません。最初の方で「コロナ」や「コピー」からいくつかの語が派生するというお話をしましたが、スラヴ諸語でもさまざまな現象が起こります。まず日本語に近い事例としていわゆる省略語、言語学では「短縮」と呼ばれるものを見てみましょう。ロシア語で「SNS」は

《サツィアーリナヤ　シェーチ（социальная сеть）》と言い
ますが、前半部分は英語の *social* から来た外来語です。た
だしやや長ったらしいためか、報道記事のような書き言葉で
も《ソツシェーチ（соцсеть）》と短縮することがよくありま
す。これはまさに「パーソナル・コンピュータ」とはあまり
言わず、「パソコン」が定着したのと同じ現象です。ただし、
日本語では「パーソナル」と「コンピュータ」のそれぞれを
短くしますが、ロシア語では前半部分だけを短くすることも
両方縮めてしまうこともあります。《ドンバス（Донбасс）》
という言い方を戦争関連でよく耳にしますが、これは《ダ
ニェーツキィ・バシェイン（Донецкий бассейн）》「ドネツ
ク炭田」の略語で、それぞれの部分が短くなっているわけで
す。

　次に文法的な問題について取り上げます。日本語で考えて
みると、「タピオカ」が「タピる」、「エモーショナル」が
「エモい」となるように、動詞や形容詞には「日本語風の」
語尾がついていることがわかります（さらに短縮も生じてい
ます）。そこまで「新語」っぽくないものでも、「メールす
る」や「アナログな」のように、やはり何らかの変化を加え
ないといけません。これは日本語において独自の活用があ
り、そこに合わせる必要があるからです。英語の場合、
Google が「ググる」という動詞としても使われたりします
が、これはもともと show が「見せ物」という名詞として
も「見せる」という動詞としても使われるような、英語の特
徴を反映しているわけです。一方スラヴ諸語ではこれまで見
てきた通り、動詞や形容詞でもさまざまな変化があるので、

外来語もそこに適応させるしかありません。最近の（ですが
もう公式には使われない）単語である tweet も、元の英語
では名詞としても動詞としても使われますが、例えばロシア
語ですと、名詞はほぼそのまま《トゥヴィート（твит）》で
ある一方、完了体の動詞は《トゥヴィートヌティ（твитнуть）》
と接尾辞を追加します。さきほど紹介した「SNS」の *social*
の部分も、ロシア語に限らず形容詞を作る［n］の接辞をつ
なげています。このような事例からも、スラヴ諸語の文法的
特徴がよくわかるのです。

──参考記事──

[1]　Зеленський провів переговори з Байденом: деталі
　　　(https://tsn.ua/politika/zelenskiy-proviv-peregovori-z-
　　　baydenom-detali-2368915.html)

[2]　Візит Зеленського до Японії: з ким зустрінеться президент
　　　(https://tsn.ua/politika/vizit-zelenskogo-do-yaponiyi-z-
　　　kim-zustrinetsya-prezident-2332855.html)

[3]　Německé kancléřství si stěžuje na Merkelovou. Musí jí dál
　　　platit vizážistku (https://www.novinky.cz/clanek/zahranicni-
　　　evropa-nemecke-kanclerstvi-si-stezuje-na-merkelovou-
　　　musi-ji-dal-platit-vizazistku-40436374)

[4]　PREMINUO SHINZO ABE: Ubio ga je bivši pripadnik
　　　mornarice (https://priznajem.hr/novosti/preminuo-shinzo-
　　　abe-ubio-ga-je-bivsi-pripadnik-mornarice/189008/)

第4章 ペンは剣より強し
——言語と社会、そして戦争

　前章までは主に、スラヴ諸語の一般的な特徴についてお話ししてきました。この章では、ことばが社会からどのような影響を受け、どう関わり合っているのかについて見てゆきます。

❦ ことばの「正しさ」を求めて

　これまでスラヴ諸語のさまざまな特徴を見てきましたが、言語によって多くの違いが出ることがわかります。また、同じ「言語」を話す人々の中でも、さまざまな局面において言語観の違いは出てきます。現代社会では原則的に共通の国語教育を受けているわけですが、ことばを使うのがあくまでも各個人である以上、人それぞれ違いが出てくるのは必然です。結果として生じる多様なことばを捉えるのが言語学の基本的立場ですが、一方で社会的には言語に対する「規範」があります。「ことばの乱れ」といった言い方もありますが、そもそもことばの「正しさ」とは何なのでしょうか？

　いわゆる「標準語」と呼ばれるものが成立するまでにはさまざまな経緯がありますが、一般的には、多数派の住民が話すことばを基盤としたものが、国家をはじめとする何らかの権力を後ろ盾としながら、学校教育やメディアでの使用によって社会に広く定着したものが「正しい」言語とされます。そうした歴史的発展に加えて昨今着目されるのが、いわ

ゆる「ポリコレ」、ポリティカル・コレクトネス（政治的な
正しさ）という考え方です。特に「差別的な」語彙を排除す
る動きは顕著で、「ビジネスマン」や「看護婦」のように一
方のジェンダーに結びついた表現や、「インディアン」や
「エスキモー」のような民族に関する特定の表現などが、公
的な場から姿を消しました。

ことばは「乱れて」いるのか？

　日本語でも「ら抜きことば」や語句の短縮など、いわゆる
若者言葉と言われ、年配の方が場合によって眉をひそめるよ
うなものが見られます。

　似たような事例として、ここではロシア語におけるアクセ
ントの変化についてお話しします。前章で名詞や動詞の語形
変化について述べましたが、その際にアクセントの位置が移
動する場合があります。例えば「教える」という動詞は、
「私が教える」（1 人称単数）では《ウチュー（учу́）》と語尾
にアクセントがありますが、「君が教える」（2 人称単数）
の《ウーチシュ（у́чишь）》など、ほかの形では語幹にアク
セントが置かれています。このようなアクセント移動が生じ
る動詞は、全体から見た割合としては多くないのですが、使
用頻度の高い動詞の中ではそれなりの割合を占めています。
そして、規範的にはアクセントが移動しないのに、「教え
る」のようにアクセントを移動させて発音してしまう「誤
り」が観察されるのです。最も有名な例として挙げられるの
が「電話する」で、もともとは例えば 1 人称単数・2 人称
単数がそれぞれ《ズヴァニュー（звоню́）》・《ズヴァニー

シュ（звони́шь）》とアクセントは語尾にあるのですが、後者が《ズヴォーニシュ（зво́нишь）》になるなど、1人称単数以外で語幹にアクセントを移動させる発音が広まっています。規範的発音を掲載する「正音法辞典」を見てみると、アクセントの移動は「推奨されない」と書かれており、ことばの「乱れ」として見なされていることがわかります。

　社会的には「誤った」発音だと言えるのでしょうが、言語学ではそもそも「正しさ」を問題にするのではなく、まずは現象として捉えます。そして多くの場合、言語学的には合理的な説明が可能で、何もおかしなことは起こっていないという結論に至ります。上述のアクセント移動についても、まずアクセント移動は多くの頻出語彙で生じているものですから、それ自体は何ら不思議ではないのです。正音法辞典をもう少し眺めてみると、アクセント移動こそが規範的で、移動しないものが「廃れた」発音だと記述されている動詞もあります。すなわち、歴史的にアクセントが移動するように変化したことがうかがえ、そのような変化は別に最近に限ったことではないのです。現代の話者にとっては「社会的に」誤った発音だと考えられることもあるわけですが、音韻的な現象としてはごく普通のもので、将来的には完全に変化してしまう可能性もあるでしょう。

　ちなみに日本語の「ら抜きことば」についても、かなり市民権を得たと言えます。歴史的には、五段活用の動詞のみが「話せる」のような可能形を発達させたと考えられており、それがほかの動詞にも拡張したと一般化できるのです。

いわゆる業界用語など

ロシア語のアクセント移動については別の話題もあります。今度は名詞の例ですが、一部の男性名詞において、単数形では語幹にあるアクセントが複数形で語尾に移動する場合があります。例えば「目」は単数主格（基本形）で《グラース（глáз）》ですが、複数主格では《グラザー（глазá）》となります。実はこうした現象も上述の動詞と同様に、使用頻度の高いものによく見られるのですが、加えてもう1つ要因があります。

フランス語からの外来語ですが、「運転手」を意味する《シャフョール（шофёр）》という名詞があります。外来語ということもあり、基本的にはアクセントの移動は生じないのですが、再び正音法辞典で調べてみると、「職業的会話において」《シャフィラー（шоферá）》というアクセント移動が生じると書かれています。ここで意味されているのは、一般の人々はアクセントを移動させないが、当該の職業に関わっている人々はアクセントを移動させる（こともある）ということです。つまり、同じ言語を話す人々の中でも、「職業」という社会的要因によって発音が変わりうるということです。これは社会言語学でもよく研究されていることで、日本でも「業界用語」などはある程度思いつくことでしょう。

職業特有の言い回しなどもあるでしょうが、実はここで述べたアクセント移動そのものについては極めて「自然な」ものです。アクセント移動は使用頻度の高い語彙で生じやすいことを述べましたが、当該の職業に関わる人々にとっては、当然ながら一般の人々よりもその語を使う頻度が高いはずで

す。すなわち、職業という社会的要因が直接関係しているというよりは、使用頻度の違いによってアクセントの差異が生まれると一般化することができるわけです。

　ちなみに日本語にも「専門家アクセント」と呼ばれる現象があります。日本語のアクセントは音がある位置で「低くなる」ものと、どこでも「低くならない」もの（平板型と呼ばれます）とに大別されるのですが、ある職業・分野に関わる人々の間で、前者から後者への変化が起こっていると言われます。もちろん個人差もありますが、例えば「ギター」や「ドリンク」などで見られる現象です。

　以上のように、ことばは確かにさまざまな変異を被っているわけですが、それは「乱れ」として批判されるようなものではなく、無意識のうちに進む現象です。

ジェンダーをどう考えるか

　自然に進むことばのゆれや変化が観察される一方で、「ポリコレ」のように意識的な「正しさ」を求める風潮もあります。このような動きはスラヴ諸語にも見られるのでしょうか。まずはジェンダーについてですが、全体として職業を表す名詞には今でも「男性形」と「女性形」が広く使われています。「女性形」は「男性形」から派生する場合も多く、男女が混ざっている場合など特に区別をしない時には「男性形」（の複数形）が用いられるのです。一例を挙げると、「教師」はウクライナ語で《ヴィクラダーチ（викладач）》ですが、ここに -ка という接尾辞をつけた《ヴィクラダーチカ（викладачка)》という女性形があります。最近の外来語

である《ブローヘル（блогер）》「ブロガー」にも《ブローヘルカ（блогерка）》という女性形があるほどで、こうした区別は公的メディアでも普通です[1]。すなわち、「ビジネスマン」を「ビジネスパーソン」、「看護婦」を「看護師」に変えるような動きは起こっていないわけです。

　しかしながら、そのような語彙的な「男女の区別」が「男女差別」と結びついていると考えるのは違います。3章でお話しした通り、スラヴ諸語の名詞には文法的な「性」があり、人物を指す場合はやはり男性には男性名詞、女性には女性名詞を用いるのが自然だという論理が働くのでしょう。もちろんこうした文法体系に「男女平等」が欠けているといった主張もできなくはないのでしょうが、長い歴史の中で培われ、根づいた特質そのものに差別的意図が含まれているというのは無理があるように思います。このため、いわゆるポリコレの対象外となるわけです。現在EUに加盟するスラヴ圏の国も多いですが、「女性形の使用を廃止せよ」といった議論が巻き起こることはありません。一方日本語には文法的な性がありませんから、ことばの由来に差別的な意図がなかったとしても、例えば「看護婦」が意図的に女性と結びつけられているといった印象が出てきても不思議ではないのでしょう。

　ポリコレとはやや違うのですが、ジェンダーに関して1つ興味深い話があります。最近キーウにある「母なる祖国」像（写真7）の紋章が、ソ連のものからウクライナのものに取り替えられ、名称も「母なるウクライナ」に変更される予定だと話題となりました[2]。これはもともとソ連時代に建設されたもので、ロシア語では《ローディナ・マーチ

写真 7　キーウの「母なる祖国」像（2016 年 6 月著者撮影）

《Родина-мать)》と呼ばれます（ローディナが「祖国」、
マーチが「母」）。第二次大戦時の「母なる祖国が呼んでい
る」と書かれた徴兵のポスターも有名です。この「ローディ
ナ」ですが、「生まれる」と共通の語源であり、もっと広く
「故郷」という意味でも使われます。さて、ロシア語ではも
う 1 つ「祖国」を意味する《アティェーチストゥヴァ
（Отечество)》という語があるのですが、面白いことにこれ
は「父」という意味の《アティェーツ（отец)》が語源なの
です。つまりロシア語には「母なる祖国」と「父なる祖国」
があるわけですが、「ローディナ」は女性名詞であることか
ら「母」と結びつきやすいと言えます。一方ウクライナ語で
は、《ローディナ（родина)》は「家族」という意味で、「祖

国」という語は《バーティコ（батько）》「父」に由来する《バティキフシチーナ（батьківщина）》のみです。結果としてキーウにある像の名前も、ウクライナ語では「母」を意味するマーティをつけて《バティキフシチーナ・マーティ（Батіківщина-мати）》となり、語のつながりとしてはやや　ちぐはぐな感じがします（ただし、「祖国」は女性名詞ではあります）。ソ連の紋章が撤去されたのは何よりも政治的動きですが、名称が《ウクライーナ・マーティ（Україна-мати）》に変更されようとしている背景には、ことばに潜む「母性」や「父性」が関連しているのかもしれません。ちなみに「ウクライナ」は女性名詞です。

ウクライナの位置づけ

　ジェンダーに関しては言語的な区別が残される一方で、スラヴ諸語においても政治的な正しさが議論になる事例があります。最も有名なのが、「ウクライナ」につける前置詞の問題です。ウクライナ語やロシア語では、「〜で」と場所を表す前置詞に、в（ウクライナ語では場合によって у）と на の2種類があります。それぞれ英語の in と on にあたるのですが、地名と一緒に用いられる場合には一定の法則性があり、国や都市には前者、地方や島には後者を使うとされています。例えばロシア語で、「モスクワで」は《ヴ　マスクヴィェー（в Москве）》、「コーカサスで」は《ナ　カフカーズィェ（на Кавказе）》となります。国であっても島国である意識が強い場合（フィリピンなど）は на です。しかしこれには例外と言えるようなものもいろいろとあり、その中で

物議を醸すのが《ナ　ウクライーニェ（на Украине）》です。

　もちろんここにも歴史的な経緯があると言われており、「ウクライナ」の由来は「地方」といった意味を表す《クライ（край）》という語だから на を用いるようになったというのがほぼ定説です。とはいえ現代の状況だけを見ればほとんどの国に в/у が使われているわけで、母語話者の感覚としても「国には в/у」という文法的法則性が根づいているようです。そんな中でウクライナに на をつけているのは、まるでウクライナを一独立国家として認めていないかのようだと批判が出てきました。結果として、ウクライナではウクライナ語を使う場合もロシア語を使う場合も必ず в が用いられるようになりました [3]。ロシアにおいては、公的なメディアでは今でも на が使われていますが、若い世代でポリコレを意識する方は в/у を使い、反体制的な独立メディアでもその傾向が見られます。私がモスクワに留学した 2015 年ごろでも、大学・大学院で学ぶ人たちは на を使わないようにしている場合が多かったように思います。なおベラルーシはロシア寄りの政権ですが、この問題についてはウクライナ式の в Украине を採用している点が興味深いところです。逆にウクライナを支援するポーランドにおいては、今でも伝統的な《ナ　ウクライーニェ（na Ukrainie）》が見られますが、近年はウクライナ式の言い方に変える動きがあります [4]。

　2022 年の全面戦争勃発以降は反ロシア感情の高まりから、ロシアにおけるこうした言葉遣いに対する批判もより一層強くなりました。на Украине へのいわば対抗措置とし

て、「ロシアで」と言う際に《ナ　ロシイ（<u>на Pocii</u>）》と表現するのが SNS を中心に定着しています。挙句の果てには、「ロシア」という国名のほか、プーチン政権やロシア軍に関わる固有名詞について、小文字で書き始めるのも当たり前となりました [5]。на pocii のほか、путiн（プーチン）といった感じです。ここにはもともとの文法的法則が関係しているわけではありませんが、とにかくロシアを悪く言いたいという強い意識が反映されているのです。

「ロシア」とは何か

　民族などの名称にもポリコレが関わることがありますが、「ロシア」という言い方についてもいろいろな話題が出ています。最初の方で少し触れましたが、ロシア語において「ロシア語」や「ロシア民族」と言う際の形容詞《ルースキー（русский）》は、「ルーシ」から派生したものです。これとは別に、国家としてのロシアに関する事物を表す形容詞《ラシースキー（российский）》もありますが、少なくとも「ロシア」の民族や言語・文化が「ルーシ」を引き継いでいるように見えてくるわけです。当然ウクライナ側がこれを面白く思うはずがありません。ウクライナ語では「ロシア語」や「ロシア民族」についても、《ルーシキー（руський）》ではなく《ロシーシキー（російський）》が用いられ、言語的に「ルーシ」とのつながりを示さないようにしています。あくまでもキエフ・ルーシの後継者は我々だと言わんばかりです。もっとも、「ロシア」の語源も「ルーシ」であり、根は共通しています。そのため、最近のウクライナではもっと踏

み込んで、「ロシア」ではなく「モスクワ公国」を意味する
《モスコヴィヤ（Московія）》と呼ぼうという動きも出てい
ます。

　一方で、あえて「ルーシキー」ないし「ルースキー」を用
いるケースもあります。ロシア側のプロパガンダにおいて、
《ルースキー・ミール（русский мир）》というものがあるの
ですが、ロシア語で「ミール」は「世界」および「平和」と
いう意味で、ロシアを中心とした勢力圏における秩序といっ
た思想です [5]。「ルースキー」でわかる通り、ここではロシ
ア連邦に留まらず、ロシア語を話しロシア文化やロシア正教
を共有する人々を対象としており、彼らにとってはウクライ
ナ（およびベラルーシなど）も「ロシア世界」の一部という
ことなのです。これは単に古代ルーシの後継者を自称するよ
りももっと過激な思想で、帝政ロシア時代に逆戻りするよう
なものだとも言われます。当然ウクライナでは大バッシング
なわけですが、ロシア側の論理を批判する際にあえて「ルー
スキー・ミール」とそのまま引用することがよくあります。
すなわち、「ロシア」という一国家の所業であるにもかかわ
らず、かつての「ルーシ」の勢力圏を主張する危険思想であ
るということが、ことばのわかるウクライナの人々には直接
伝わっているわけです。戦争当初にロシア軍に対してロシア
語で応答した「ロシアの戦艦よくたばれ」という言い方が話
題となったのですが、ロシア軍に関わるので正しくは「ラ
シースキー」と言うべきところ、ここでは「ルースキー」が
使われています。現在のウクライナにおいて、「ルース
キー」は「ルーシ」よりも侵略行為を続けるロシアを象徴す

るものだと見なされているのでしょう。

　現在のウクライナにおける状況については、次章以降でも詳しくお話しします。

☪ 母語と第一言語、方言と公用語

　ここまでは個別の発音や表現について見てきましたが、さらに言語全体に対して社会や国家が関わる問題について取り上げたいと思います。当然ながら、戦争をはじめとする壮絶な歴史も含まれます。

　生まれ育つ中で身につける言語を「母語」と呼びますが、日本で生まれた人はほとんどが日本語を母語とし、日本語を使って日常生活を送っています。日本の中にいると、これはわざわざ言うまでもない極めて当たり前のことだと思ってしまいますが、世界的にはそう単純ではありません。そもそも日本における状況も、「日本語」と一括りにせず方言まで考慮した場合、例えば母語は「津軽弁」だが現在は普段「標準語」を使っているといった方はたくさんいらっしゃることでしょう。社会言語学では、生育過程で獲得した言語や方言のうち、日常生活において優先的に用いるものを「第一言語」と呼びますが、母語と第一言語は必ずしも一致しないわけです。こうした方は母語と第一言語の複数を話す「バイリンガル」とも言えますが、正確な用語としては、公的な位置づけの異なる複数言語を併用する状況は「ダイグロシア」と呼ばれます。

　日本では基本的に「方言」レベルの話ですが（ただし、近年では沖縄の方言を「言語」として捉えるべきだという学説

が主流となっています)、複数の「言語」が話されている国もあります。その中で着目すべきことは、各言語がどのような地位を有しているかという問題です。国家が政治や経済において公的に用いる言語として指定したものは「公用語」と呼ばれますが、複数言語が話される国では、母語と公用語が違うのも珍しくはありません。もっとも顕著な事例は、大国に支配された属国や植民地でしょう。初めの方でお話ししましたが、スラヴ語圏でも長い間自らの民族国家が持てずにいた地域もたくさんありました。例えばハプスブルク帝国の支配下にあったチェコやスロヴァキア、クロアチアやスロヴェニアでは、各民族はスラヴ諸語を母語としていましたが、公用語はドイツ語(あるいはラテン語など)だったわけです。

　やがて民族独立の動きが高まる中で、自らの言語についても公用語のような地位を確立させようとなるわけですが、ここで問題となるのは方言です。公用語でなかった「民衆の」ことばは、当然ながら各自の話すもので方言差が大きく、また文献記録が少ないため、いわゆる「標準語」と呼ばれるものも確立していません。すなわち「方言」と「言語」の境界は曖昧なわけです。例えば現在では「チェコ語」と「スロヴァキア語」は異なる言語として確立していますが、地理的に近くかつてはチェコスロヴァキアという 1 つの国家を成していたこともあるぐらいで、類似点が多く相互理解も難しくないと言われています。標準語が成立する以前の諸方言の時代を考えれば、現在のチェコ・スロヴァキアの国境付近ではかなり近いことばが話されていたはずですし、逆に地理的に遠いところを比較すれば、現在の両標準語以上の差異もあ

るでしょう。

　むろん国家の成立において公用語の位置づけはたいへん重要なものですが、その過程における標準語の形成において地理的連続性が見えづらくなる面もあるのです。少なくとも、「言語」が一定程度政治的・社会的に形作られたものであるということは、頭に入れておくべきでしょう。日本でもしもヨーロッパのような国境線の変更が生じていたとしたら、「関東語」や「近畿語」などができていたかもしれません。「○○語」と定義するだけでも、よくよく考えると簡単なことではないのです。以降ではスラヴ諸語の中から2つ事例を取り上げます。

❦ 旧ユーゴスラヴィアと「セルビア・クロアチア語」

　国家と言語との複雑な関わりを示す1つの事例は、「セルビア・クロアチア語」です。西はハプスブルク帝国、東はオスマン帝国の支配を受けていた南スラヴの地域は、露土戦争や第一次世界大戦を契機に民族国家の設立に向かいます。結果としてブルガリアを除く地域では、多民族国家ユーゴスラヴィアが成立しました。その中で、現在のセルビア、クロアチア、ボスニア・ヘルツェゴヴィナ、モンテネグロ（現地名ではツルナ・ゴラ）、およびコソボの一部で話されていたことばを基盤に確立した「セルビア・クロアチア語」が中心言語となります。19世紀から主にベオグラードおよびザグレブにおいて、民族運動と連動する形で標準語の形成が始まっていたのですが、それらを統合したわけです。

　もちろん方言差はあり、特にセルビアの方は「エ方言」、

写真８　セルビア ノヴィ・サドの標識（2017 年 12 月著者撮影）

クロアチアの方は「イェ方言」と呼ばれるような発音の差が
顕著です。例えば「牛乳」を意味する語について、前者は
《ムレコ（млеко / mleko）》、後者は《ムリェコ（mlijeko）》
となります。また、セルビアではもともとキリル文字が主流
で最近はラテン文字も併用されますが（写真８）、クロアチ
アではラテン文字のみが用いられます。そのほか、前章で紹
介した月の言い方など、語彙的な違いも見られます。興味深
い例として、セルビアでは「サッカー」のことを《フドバル
（фудбал / fudbal）》という *football* に由来する外来語を
使って呼ぶのですが、クロアチアでは「足のボール」にあた
る《ノゴメト（nogomet）》といういわば訳した語が用いら
れます。表７にセルビアとクロアチアとの相違点をいくつ

か例示しました。

セルビア	クロアチア	意味
млеко / mleko	mlijeko	牛乳
август / avgust	kolovoz	8月
фудбал / fudbal	nogomet	サッカー

表 7 「セルビア語」と「クロアチア語」の比較

しかしながら文法や語彙はおおむね共有しており、単一性が保たれた言語として見なすことは可能で、国家形成とともに公的に「セルビア・クロアチア語」という1つの言語が誕生したのです。

　第二次世界大戦を経て社会主義政権が誕生しましたが、ソ連と距離を置き、西側諸国とも関係を持っていたこともあり、経済的にも比較的安定していたと言われています。しかし1980年に最高指導者チトーが死去すると、国家運営が不安定になり、徐々に民族主義的な動きが活発化してゆきました。やがて民族間の対立が激化し、1991年にはスロヴェニアとマケドニアが独立します。その後クロアチアの独立をめぐって大規模な戦闘に発展し、さらに紛争はボスニア・ヘルツェゴヴィナやコソボにも波及し泥沼化します。最終的にNATOや国連の介入もあって終戦を迎えましたが、ユーゴスラヴィアは当然ながら崩壊し、各民族国家が独立しました。ただし、ボスニア・ヘルツェゴヴィナは現在も多民族の連邦国家です。

　国家の分裂は言語の分裂も引き起こしました。それまで「セルビア・クロアチア語」と呼ばれていたものから、「セ

ルビア語」・「クロアチア語」のほか、「ボスニア語」や「モンテネグロ語」が確立していったのです。国によって公用語を複数制定しているところもありますが、いずれにしても、それぞれの「言語」が公用語として定められています。近年ではクロアチアの EU 加盟によって、EU 公用語にも「クロアチア語」が含まれています。

　こうした「言語」の再定義は、方言差はあっても単一とされる「日本語」を長年使ってきた者にとっては、なかなか理解の難しい問題でしょう。しかし大切なこととして、さきにも述べたように、言語に関する社会的な動きが必ずしもことばの本質と結びついたものとは限りません。旧ユーゴスラヴィアの例でも、「セルビア・クロアチア語」の確立にせよ、各国独立後の言語の「分裂」にせよ、これらはあくまでも政治や社会の動きであって、現地の人々が話すことばそのものがある日突然違うものに切り替わるわけではありません。何よりも一人ひとりのことばに目を向け、考えてゆくことが重要なのではないでしょうか。

❧ ウクライナおよびベラルーシの言語状況

　もう 1 つ、東スラヴの状況を見てゆきましょう（ウクライナについては次章で詳しく述べます）。第 1 章で概略はお話ししましたが、「外」からの支配を受けていた南スラヴと異なり、ウクライナやベラルーシはほかのスラヴ民族、すなわちロシアやポーランドという大国に組み込まれていました。古代ではキエフ・ルーシという大国の一部にあり、そこに東スラヴ諸語の起源があったわけですが、ポーランドの支

配下に入った地域では現地の東スラヴ系のことばに西スラヴであるポーランド語の影響が加わり、結果として現在のロシア語とはさまざまな違いが見られます。例えば「人物」という語はウクライナ語で《オソーバ（особа）》、ベラルーシ語で《アソーバ（асоба）》ですが、これはポーランド語の《オソーバ（osoba）》と対応している一方で、ロシア語では「顔」の意味も持つ《リツォー（лицо）》という全く異なる語が使われます。参考までに表8にいくつかの例を挙げますが、逆に東スラヴでポーランド語と異なる語彙を共有していることもありますし、ウクライナ語やベラルーシ語独自と言えるようなものもあります。

ロシア語	ベラルーシ語	ウクライナ語	ポーランド語	意味
лицо (litso)	асоба (asoba)	особа (osoba)	osoba	人物
час (chas)	гадзіна (hadzina)	година (hodyna)	godzina	1時間
вкусный (vkusnyy)	смачны (smachny)	смачний (smachnyy)	smaczny	おいしい
искать (iskat')	шукаць (shukats')	шукати (shukaty)	szukać	探す

表8 東スラヴ諸語とポーランド語の比較

その後ポーランドがロシアを含む周辺国の手によって分割され、東スラヴの領域は完全にロシア帝国領となります。ロシア革命以降はソヴィエト連邦が成立しますが、いずれの時代もウクライナとベラルーシの地域ではロシア語が中心言語でした（もちろん、一般民衆のことばはさまざまです）。当然ながらウクライナ語やベラルーシ語にもロシア語からの影

響がおよびますが、特にソ連時代は政策によるものが顕著です。ウクライナ語においては、いくつかの語彙についてロシア語に近いものを使用させるなど、ロシア語に近づけようとする動きが再三にわたり見られました。ベラルーシ語においても標準語形成の過程において、ロシア語に近いものが考案され公的な言語として位置づけられました [6]。また、ウクライナとベラルーシは連邦内の「共和国」という位置づけであったものの、全体的なロシア化が進められ、出版物や学校教育における言語もロシア語の割合が多数を占めるようになります。特に教育による影響は大きく、例えばウクライナ語を中心とした家庭においても、将来の出世を見込んで学校ではロシア語で教育を受けるようになり、社会に出ればやはりロシア語を使うといった状況が徐々に確立されてゆくわけです。このように、国家権力による言語の統制は国民生活に根本から影響を与えるものであり、将来的に被支配層の言語を駆逐しかねないものです。戦闘によって死傷者が出ることももちろん悲惨なものですが、征服された後の国家の改造、そしてその根本にある言語の存在は、これからも注目してゆかなければなりません。

　1991 年のソ連崩壊後、ウクライナとベラルーシはそれぞれ独立を果たしますが、その後の言語状況には大きな違いがあります。ウクライナでは、西部ではウクライナ語、東部・南部ではロシア語を母語とする人口が全体として多いですが（5 章で詳述）、公用語はウクライナ語のみと定められ、学校教育においてもウクライナ語が基本となりました。一方で 2017 年の世論調査において、家庭で主に使用する

写真9 ベラルーシ ミンスクの標識（2016年5月著者撮影）

言語には地域差があるものの、大多数の国民がウクライナ語
とロシア語の両方が運用可能だと回答しています[7]。これ
に対してベラルーシでは、当初ベラルーシ語のみを公用語と
して定めましたが、特に都市部ではベラルーシ語が話せない
人も多く、1995年にロシア語が公用語に追加されました。
学校ではベラルーシ語教育が行われ、街中の標識などはベラ
ルーシ語で書かれているのですが（写真9）、実態としては
今でもロシア語が主要言語です。ただしここで注意すべきこ
とは、両国ともにロシア語の使用が、必ずしもロシア連邦と
いう国家に結びついたものではないということです。この点
については次章でまた述べます。

❦ ことばとどう向き合うか

　本章で見てきたような、時の経過や社会情勢によって人々の言語使用が影響を受ける現象は、ある意味では当然のことのように思えます。一方で改めて考えるべきなのは、ことばとはそもそも「いつの間にか」できあがったものだということです。日常的に使う言語、特に生まれ育つ中で獲得した母語は、意識して学んだものではなく、置かれた社会環境の中で自然と身についたものです。もちろん丁寧なことばやくだけたことば、感情のこもったことばなど、話者の意識が働く場合もありますが、ある表現について「なぜそう言うのか」と考えることは基本的にありません。ましてや、そもそも「何語」を普段の生活において使うのかは、生まれ育つ中で自然と決まってゆくものです。社会生活と結びついている以上、状況に合わせる必要が生じるのは当たり前ですが、さまざまな経緯の中で確立してきたことばのありようについて過剰に目鯨を立てるのは、言語文化への損害につながりかねず、バランスを取ってゆく必要があるように思います。

　特に悲惨な戦争を経た地域では言語と国家の結びつきがより強く意識され、「敵のことば」が忌避されるのは仕方のないことです。しかし旧ユーゴスラヴィアも、次章でお話しするウクライナとロシアでも、系統的に近く、相当程度言語や文化を共有してきた地域ですから、政治的な言語の切り離しが過剰になると、本来の連続性が失われ、文化的な問題を引き起こすことも危惧されます。むしろそこにこそ、戦争の悲惨さがあるのです。

━ 参考記事 ━

[1]　Відома блогерка на Каннському кінофестивалі облилася «кров'ю» на підтримку України (https://tsn.ua/glamur/vidoma-blogerka-na-kannskomu-kinofestivali-oblilasya-krov-yu-na-pidtrimku-ukrayini-2334166.html)

[2]　Монумент «Батьківщина-мати» у Києві перейменують на «Україна-мати» (https://www.ukrinform.ua/rubric-kyiv/3742063-monument-batkivsinamati-u-kievi-perejmenuut-na-ukrainamati.html)

[3]　«На Україні» чи «в Україні» (https://zbruc.eu/node/66245)

[4]　«W Ukrainie» czy «na Ukrainie». Jest opinia Rady Języka Polskiego. «Zmiany w języku zachodzą powoli» (https://tvn24.pl/polska/w-ukrainie-czy-na-ukrainie-jak-pisac-i-mowic-poprawnie-opinia-rady-jezyka-polskiego-5889703)

[5]　In Ukraine, I saw the greatest threat to the Russian world isn't the west – it's Putin (https://www.theguardian.com/commentisfree/2022/dec/17/ukraine-greatest-threat-russian-world-vladimir-putin)

[6]　清沢紫織（2021）「現代ベラルーシ語の標準語規範の分裂と対立」,『スラヴ研究』68 号, 1–43.

[7]　Соколова, С. О.（2021）Українсько-російский білінгвізм в Україні: сприйняття зсередини та зовні. *Українська мова* 3 (79)：30–53.

第 5 章

ウクライナ語とロシア語のはざまで
──ウクライナの言語模様

　戦争においては、悲惨な被害の状況や政治・軍事の動きが
着目されがちですが、状況を深く理解するためには社会的・
文化的背景が不可欠です。そしてその根幹にあるものとして
重要なのが、日々のコミュニケーションや情報・意見の発信
に使われる言語でしょう。本章ではウクライナにおける言語
の状況、そしてその戦争との関わりについて見てゆきます。

♥ 母語・使用言語とアイデンティティ

　前章でも少し紹介しましたが、ウクライナにおける言語状
況についてもう少し詳しく述べます。ソ連時代もウクライナ
語教育は行われていましたが、ソ連の中心言語はロシア語で
あり、両言語の「ダイグロシア」と呼ぶべき状況でした。
1991 年の独立後はウクライナ語の地位が急速に高まりま
すが、特に東部・南部ではロシア語を話す国民が多い状況が
続いていました。2017 年 5 月にキーウ国際社会学研究所
が実施した調査 [1] によると、家庭における家族との会話に
おいて、西部では 92.7％の回答者が主にウクライナ語を使
うのに対して、東部と南部ではそれぞれ 60.8％、61.7％
の回答者がロシア語を主として使うという結果が出ていま
す。北部と中部では主にウクライナ語を使う割合が半分を少
し超える程度ですが、主にロシア語を使う回答者の割合は低
く、両言語を用いるという回答が多いのも特徴です。表 9

に調査結果をまとめました。一方で各言語が使えるかという質問に対しては、表 10 に示す通り、ロシア語については最も低い西部でも 72.2%が肯定的に、ウクライナ語については最も低い東部でも 81.9%が肯定的に回答しており、全体としては両言語を理解している人々が多数派です。

単位：%	東部	南部	北部	中部	西部
主にウクライナ語	11.4	16.1	53.3	55.5	92.7
両言語	27.8	22.2	27.7	28.8	5.0
主にロシア語	60.8	61.7	19.1	15.7	2.2

表 9　家庭における使用言語（2017 年の調査結果）

単位：%	東部	南部	北部	中部	西部
ウクライナ語	81.9	85.3	93.1	95.9	98.5
ロシア語	98.5	98.9	90.4	91.7	72.2

表 10　各言語が運用できる回答者の割合（2017 年の調査結果）

　ウクライナ戦争について論評される際に、東部や南部では「ロシア系住民」が多いという言い方がされる場合がありますが、ここには上述のような使用言語が背景にあります。そしてロシアの政権側も、「ロシア系住民の保護」という名目でウクライナ侵攻を正当化してきました。しかしここで考えなければならないのは、「ロシア語」がそのまま「ロシア（連邦）」という国家と結びつくわけではないということです。2014 年 9 月に同研究所が、使用言語と「アイデンティティ」との関係性について調査を実施しました。結果全体についてはやや複雑な話になるので割愛しますが、自らがウクライナ国民とロシア国民のどちらだと考えているかとい

う質問に対して、ロシア語話者のうち西部・中部では 81.3%、東部・南部では 50.1% が「ウクライナ」を選択しました[2]。後者は割合が低いような印象ですが、残りがすべて「ロシア」というわけではなく、26.0% が「ロシア」で 20.2% は「両方」と回答しています（なお正式な「二重国籍」については、ウクライナでは認められていません）。ここから少なくともわかることとして、「私はロシア語を話すけれどもウクライナ国民だ」という住民が多く、使用言語を基準に「ロシア系」と安易に判断してはならないのです。同調査では自らの国民性をどのように判断するかについても質問がされていますが、使用言語を挙げる回答者は全体的に少なく、多くが親の国籍を理由として挙げていました。

　なおこういった状況は、ロシア語話者の多いベラルーシについても言えることです。2020 年 8 月に実施されたベラルーシ大統領選挙では、現職だったルカシェンコ氏が公式発表によると 8 割ほどの得票で再選されましたが、不正疑惑が噴出し大規模な反政府デモが行われました。同氏はロシアとの関係を重視している一方で、対立候補であったティハノフスカヤ（ベラルーシ語ではチハノウスカヤ）氏は、ロシアと距離を置き EU やアメリカとの関係構築を掲げていました。ティハノフスカヤ氏はリトアニアに事実上の亡命という形になりましたが、現在も国外からベラルーシの民主化運動のほか、ウクライナとの連帯を呼びかけています。こういった活動は反ロシアとも言えるわけですが、ベラルーシでは政治的思想と言語とは基本的に切り離されています。すなわ

ち、反ルカシェンコ運動とベラルーシ語普及の動きは連動していないわけです。例えばこうした運動家たちが発信するSNSアカウントにおいても、ロシア語で書かれていることも多いのです。

♥ 戦争によるロシア語離れ

さきに挙げた調査からわかる通り、2014年初めのクリミア併合およびドンバス地域の一部占領以降も、東部・南部を中心にロシア語が広く使われていました。そしてロシア語の使用が決してロシアという国家の支持と結びつくものではなかったのです。しかし2022年2月の全面侵攻開始によって状況は大きく変わります。同年12月に、さきほどと同じくキーウ国際社会学研究所が実施した調査[3]によると、日常生活においてロシア語のみ、ないし主にロシア語を使う回答者の割合は、2017年の26%から15%に低下しました。さらに職場や学校に限定した場合については、ウクライナ語のみ、ないし主にウクライナ語を話すと答えた割合が、2017年の43%から68%に急増し、ウクライナ語とロシア語の両方を話す割合が33%から19%に低下しています。表11に調査結果を引用します。さらに意識面について見てみると、ロシア語が「重要な」言語ではないと考える割合が、2014年9月の調査における9%と比べて58%に急増したのです。

以上をまとめると、ウクライナ語を重視する動きが加速し、公的な場面ではロシア語の使用を意識的に避けようとしている様子がうかがえます。

単位：%	日常生活		職場・学校	
	2017 年	2022 年	2017 年	2022 年
ウクライナ語のみ	34	41	26	50
主にウクライナ語	15	17	17	18
両言語	25	24	33	19
主にロシア語	14	9	16	7
ロシア語のみ	12	6	8	4

表 11　場面ごとの使用言語

　こうした風潮は芸能界にも影響を与えています。かつてロシア語で歌っていたアーティストたちがウクライナ語の曲を製作しはじめ、メディアでの発信や SNS の投稿もウクライナ語に切り替えるといった動きが広がりました [4]。中にはファンをはじめ国民に対して、ロシア語を使わないよう呼びかける人もいるほどです。根底にあるのは、自らと母語を共有するロシアの人々が自分たちの国を侵略していることに対しての、想像を絶する怒りや悲しみに違いありません。さらに戦略的観点から言えば、前章でも述べた通りロシア側が《ルースキー　イズィーク（русский язык）》（ロシア語）を話すウクライナ国民を「ルースキー」な同胞とみなし、そうした人々をウクライナの「民族主義者」から保護するなどという理由づけをしていることへの対抗措置なのでしょう。これまで述べてきた通り、言語と国家は本来的には独立したものであり、日常的にロシア語を話していても「ウクライナ国民」を自認する人々が多数派である実情を鑑みても、プーチン政権のこうした論理が破綻していることは明確です。一方でウクライナ側がロシア語を排除することによって、ウクラ

イナという国家とウクライナ語という言語との結びつきが強調され、逆にロシア側の論理を補強する形になりかねない点には注意すべきでしょう。現地で苦しむ人々が感情的になるのは致し方ありませんが、日本など外から情勢を見る際には、公平かつ冷静な考察を心がけたいものです。

ロシア語の現状

　反ロシア的風潮の中で、ロシア語よりもまず槍玉に上がったのはロシアのアーティストによる作品で、現代音楽に対して演奏禁止が法制化されるだけでなく[5]、バレエやクラシック音楽などに至るまで排除されてしまいました。一方さきに述べた「ロシア語離れ」については、社会の動きとして見られるものの、公的にロシア語が「排除」されたわけではありません。そもそも個人の使用言語を制限することは人権に関わる問題であり、ウクライナ政府も気を遣っています。2022 年 5 月にキーウ国際社会学研究所が実施した調査[6]では、93％がウクライナでロシア語を話すことに対する迫害はないと回答しました。ただしここでは、ロシア語話者だけが回答しているわけではない点に注意しなければなりません。

　メディアにおいても、ほとんどのニュースサイトにはロシア語版があり、全面戦争勃発後の公共放送についてもロシア語で発信されているチャンネルがあります。そこで出てくるスローガンに「ロシア語でできるのは嘘をつくことだけではない」（На русском можно не только врать.）というものがあり印象的でした。もちろんこれはロシアに対する批判も

写真 10　チャイコフスキーのコンサートが行われていた
（キーウ　2016 年 6 月著者撮影）

含まれているわけですが、ロシア語がロシアという国家のイメージを呼び起こす一方で、ロシアのやり方に賛同しないロシア語話者もいるのだとアピールしているのでしょう。また、ウクライナ語の公共放送においても、ロシア軍に攻撃を受けた場所などでの現地インタビューにおいて、住民がロシア語で話す様子を伝えることがあります。なお興味深いことに、ウクライナ語の字幕はつけずにそのまま流しているのです。ここからも、ウクライナにおいてロシア語が少なくとも通用しているということがわかります。さらに、ロシアやベラルーシの人権活動家などへのインタビューにおいても、ロシア語で答えているものをそのまま流すことが多いです。

　とはいえ、全体的傾向としてはロシア語離れが進むことは

避けられないでしょう。ロシア語がロシア帝国やソヴィエト連邦によるウクライナ支配の象徴となっているのは仕方ありません。しかし一方で、結果としてロシア語を使って多くの人々が生活し、社会や文化が発展してきたことも事実です。ロシア語を追放することによって、培われてきた文化が失われてしまわないよう願うばかりです。

言語と政策、そして紛争

　個人の言語使用そのものに対しては自由が保障される一方で、公用語の制定をはじめとして、言語に関して国家が何らかの方針を示すことは一般的になされています。ウクライナではウクライナ語が唯一の公用語（現地では「国家語」と呼ばれます）と定められていますが、ここまでお話ししてきた通り主にロシア語を話す国民も多い状況が続いていました。こうした中、2014年のロシアによるクリミア併合やドンバス地域への侵攻を契機に、ウクライナ語の公的地位をさらに高めようとする動きが加速しました。2019年に当時のポロシェンコ政権が「国家語としてのウクライナ語の機能保障に関する法」を制定し、公的な場面におけるウクライナ語使用が義務づけられました[7]。地域によってはロシア語を「母語」とする国民が少なくないものの、そういった人々も多くはウクライナ国民としてのアイデンティティを持ち、ウクライナ語を理解する現状を考えれば、「公的場面では公用語」といった政策は充分に理解できるものでしょう。

　しかしロシア側はこのような政策を「ロシア系住民」への迫害と見なし、ウクライナの政権（ロシア側では「キエフ体

制」を意味する《キーィフスキー　リジーム（Киевский режим）》と呼ばれます）を民族主義的、さらには「ナチズム」的であると批判しました。最終的には、ロシア系住民の「保護」を名目としたウクライナ政権の打倒に動いたのです。プーチン政権はこれについて、侵略や占領を目的とした「戦争」ではなく、自分たちの領域を防御する「特別軍事作戦」だと呼称しています。そして「戦争」と呼ぶことは禁止され、ロシア国内で「戦争反対」（ロシア語では《ニェートヴァイニェー（Нет войне!)》）を唱える市民の逮捕も強行されました [8]。ウクライナ政府がロシア語を弾圧していると批判しながら、国内では（ロシア語の中での）「言葉狩り」を通して反政府的活動の取り締まりを進めたわけです。

　言うまでもなくウクライナに限らずロシアを批判する側は、今回の軍事侵略を「戦争」と呼んでいます。ウクライナ語では、2014 年に勃発したクリミアや一部ドンバス地域におけるものと区別する形で、《ポウノマシュタブナ　ヴィイナー（повномасштабна війна）》「全面戦争」という用語が特に使われます。さらにロシアのことを「侵略者」さらには「テロリスト」と称するほか、上述の「大義名分」に対する批判を込めて、ロシア国防省のことを《ミンテロリズム（мінтероризму）》「テロリズム省」と揶揄することもしばしばです（「ミン」は「省」の略称）。彼らの言うロシア系住民の「保護」が実際には「侵略」であるということです。

　ただし、上で述べた公的場面でのウクライナ語の使用を義務づける動きも、過激化すれば「迫害」と呼ばれかねないものにつながることは注意すべきでしょう。ロシア語を使う家

庭で育ち、ウクライナ語は流暢に話せないという方も少なくないのは事実です。ウクライナでの報道を見ていると、ウクライナ語での接客を求めたが拒否され、口論に発展するといったトラブルがしばしば話題になります。最近では、とあるタクシー運転手がウクライナ語での接客を拒否し、さらには不適切な発言をしたという事件が発生しました。乗客が撮影したと思われる動画がネット上に拡散され、閲覧者からの怒りのコメントも加わり、かなり話題になってしまったようです[9]。結果として、運転手はタクシー会社から解雇されました。この運転手の言動そのものはよくないものだったのかもしれませんが、「ロシア語を話した」あるいは「ウクライナ語を話さなかった」という点だけを切り取って批判するのは、状況を単純化しすぎている印象も否めません。さらには、ウクライナ語を推進する政策に利用されているとも言えます。なお、事件はここで終わりませんでした。LOBODAという女性歌手が運転手に対して同情を示し、それがまた炎上してしまったのです。彼女はウクライナ出身ですがもともとロシア語話者で、歌手としてもロシア語で活動していました。ウクライナで生活するロシア語話者として、いろいろと思うところがあったのだろうと推察されます。よその人間が意見を述べることではありませんが、少なくとも現地の人々の間でこのような「紛争」が生じることこそ悲劇であり、戦争によって人の心が荒み分断も引き起こされる状況に、ただただ辟易せずにはいられません。

❖ 言語の共通性と多様性

　すでにお話ししてきた通り、言語学的な分類としては、ウクライナ語もロシア語も東スラヴ語群に属し、系統的に近い関係を持っています。両言語が運用できるウクライナ国民が多数派である1つの要因はここにもあるでしょう。一方で、最近のロシア語を忌避する風潮と合わせて、ウクライナ語がロシア語とは異なることを強調するような記事が目立ちます。確かにソ連時代のウクライナ語がロシア語と近しいものであるとする主張の中に、プロパガンダに基づく非科学的なものも含まれていたことは事実です。より古く帝政ロシア時代には、「ウクライナ」ではなく「小ロシア」という呼び方がなされ、ロシアの一地方に過ぎないという意識がありました。そうした思想への反発は当然で、正当な反論はなされるべきでしょうが、「違い」のみに着目するのは学術的に妥当ではありません。

　例えば少し前に、「ウクライナ語は聴覚印象でロシア語と52%異なる」といった研究結果が発表されました[10]。調査そのものは緻密なもので、意味的に対応する語について語彙的な相違点や音声・音韻的な相違点を洗い出し、数値化しています。両言語を含むスラヴ諸語の多様性については、これまでもご紹介してきました。しかしながらより広い観点から考えると、細かな違いはあるがおおむね似通っている、といった全体的共通性が見えてきます。わかりやすさのために大袈裟な例を1つ挙げれば、「夏」はウクライナ語で《リート（літо）》、ロシア語で《リェート（лето）》と母音に一部違いはありますが、全体を考えれば似ており、また相違点に

93

ついても規則的な対応があるわけです。一方で英語の summer や、日本語の「なつ」は全く異なる音であり、言語的なつながりがないことは明らかです。ウクライナ語とロシア語など、スラヴ諸語の間で観察される「多様性の中にある統一性」は、言語学が探ってきたものでありますが、そこには文化の源流があるのです。

両言語はどこまで違うのか？

　ウクライナ語とロシア語との違いについて、第2章では音声・音韻（いわゆる発音）の面から、第4章では歴史的経緯を踏まえながら語彙の面からお話ししてきました。前者については表12にまとめます。関連する部分について、文字表記を太字とし、音声表記を［　］に入れて併記しました。例に挙げるのは共通の語源を持つ語ですが、歴史的に言えば、異なる発音の変化が生じてきたということです。

ウクライナ語	ロシア語	意味と補足
л**і**то [i]	л**е**то [e]	「夏」
вх**і**д [i]	вх**о**д [o]	「入口」
с**о**ва [o]	с**о**ва [a]	「フクロウ」　強勢のない母音の発音
гімн [ɦ]	**г**имн [g]	「国歌」　摩擦音と閉鎖音
день [d]	**д**ень [dʲ]	「日」　[e] の直前における硬口蓋化の有無
ца**р** [r]	ца**рь** [rʲ]	「皇帝」　音節末における硬口蓋化の有無

表 12　ウクライナ語とロシア語の音声・音韻的差異

　これだけ見るとやはり「違う言語なんだな」という感想が

出てくることでしょう。さきに述べた聴覚印象による差異の数値化も納得できます。しかしやや視野を広げて考えてみると、差異だけを強調するのは妥当でないでしょう。前提として多くの語彙を共有していて、それらの発音が異なっているという状況ですが、それ自体は実は、方言や「訛り」による多様性と大きく変わりません。日本でも例えば「買った」を関西で「こーた」と言ったり、アクセントが違ったりなど、同じ語彙でも方言によってさまざまな発音が見られます。少なくとも、こうした音声・音韻的な違いだけで全く異なる言語だとは言えないのです。

　ただし語彙そのものがかなり異なることも前章でお話しした通りです。しかしこれについても実は単純ではありません。語彙によっては、ロシア語と語源の異なるものと共通するものとが共存する事例が見られます。3章で少し紹介しましたが、「ありがとう」の言い方について、ポーランド語をはじめとする西スラヴ諸語と語源を共有する《ディャークユ（Дякую.）》だけでなく、ロシア語に近い《スパシービ（Спасибі.）》も用いられます（ロシア語は《スパシーバ（Спасибо.）》）。こうした語彙の共存について、参考までにGoogle 検索でのヒット数を併記したものを表13にまとめました。

	（ロシア語と共通）	意味
вітаю (7.87)	привіт (6.56)	こんにちは
дякую (29.40)	спасибі (3.66)	ありがとう
потяг (4.44)	поїзд (2.92)	列車

表 13　ウクライナ語における語彙の共存

※2024年1月8日の結果。検索言語をウクライナ語とし、完全一致のみ
を検索。ヒット数の単位は百万件。

　注意すべきこととして、右に示したものは語源的にロシア
語と共通というだけで、「ロシア的な」語彙というわけでは
ありません。ウクライナの公共放送を見ていても、双方の語
彙が用いられており、どちらも「ウクライナ語」であること
には変わりありません。一方で、言語の歴史的発展の中でロ
シア語と多くのものを共有してきたことも事実なのです。

　さてさきほどウクライナ語とロシア語との音声・音韻的差
異について、それ自体は「方言」的な多様性とそこまで変わ
らないと述べました。前章でも、「方言」と「言語」につい
て少しお話ししましたが、ウクライナ語とロシア語との関係
においても方言の問題は見逃せません。

方言的バリエーション

　ここまで述べてきたような相違点は、両言語のいわゆる
「標準語」を比較したうえでのものですが、方言まで考える
と地理的な「連続性」がより明瞭に見えてきます。当然とい
えば当然ですが、例えばウクライナとロシアの国境付近で

は、「ウクライナ語」と「ロシア語」それぞれがたがいに比較的近い特徴を共有することもあるわけです。例えばさきに挙げたような [i] と [e] との母音の対応についても、ウクライナ語の北部方言ではロシア語と同じ [e]（ないし二重母音 [ie]）の発音が広く見られます。逆にロシア語の方言がウクライナ語の標準語に近い場合もあり、一番有名なのは表12 にも示した [g] の摩擦音化です。綴りのうえでは同じ г を書くのですが、例えば「英雄」はロシア語の標準語で《<u>ゲ</u>ローイ（<u>г</u>ерой）》である一方、ウクライナ語やロシア語の南部方言では《<u>ヘ</u>ローイ（<u>г</u>ерой）》となります。

　ほかにはアクセントのない母音 [a] の発音があります。ロシア語の標準語では直前の「軟らかい」子音の影響で [i] の発音になり、こうした現象はウクライナ語の南部方言でも見られます。一方で、ロシア語の南部方言やウクライナ語の広い地域（標準語を含む）では変化しないと言われています。「記憶」を例にすると、ロシア語の標準語では《パー<u>ミ</u>チ（па́м<u>я</u>ть）》、ウクライナ語の標準語では《パー<u>ミ</u>ヤチ（па́м'<u>я</u>ть）》のように発音されます。さらにウクライナ語の北部方言では [e] の発音となっており、口の開きを考えるといわば両者の中間といった形です。

　以上は標準語や方言に関する文献での記述ですが、言語の実態としてはもう少し複雑です。原則として標準的発音がなされるテレビのキャスターなどの発音を聴いていても、上述の「記憶」（па́м'ять）などで語によっては [a] ではなく [i] の発音が聞かれる場合もあるのです。話者の方言的背景が影響しているのか、あるいは家庭ではロシア語を主に話し

ていたのかなど、考えられる要因はさまざまで明確に説明することは難しいですが、少なくとも標準語的な発音の中でも相当程度バリエーションがあるということがうかがえます。

　以上のように、ウクライナ語とロシア語との関係性は一概に言えるものではなく、違いだけを強調するような議論は正当なものだと言えません。言語を含めた文化や歴史について、その源流を今一度遡りつつ、両者の共有してきたものに着目することも大切ではないかと思います。

♀ 言語の切り替えと融合

　とはいえ、全面戦争による反ロシア感情の高まりが収まることは当然なく、すでにロシア語からウクライナ語への移行は相当程度進んでいると考えられ、当面の間この動きは継続することでしょう。これまで述べてきたように、もともと主にロシア語を話していた人々も大多数はウクライナ語を理解しており、本人の意思があれば言語を切り替えることができるのです。それでも両言語には少なからぬ違いがあり、ウクライナ語が「わかる」のと「話せる」のはやはり違う問題だと言うべきでしょう。

　ウクライナ語とロシア語との共存は、もちろん今に始まったことではありません。現在のようなウクライナ語の標準語が確立される以前から、民衆の話すウクライナ語（の諸方言）と、ロシア帝国の公用語であったロシア語（およびその諸方言）とが混在していました。当時はロシア語の地位が高かったので、ウクライナ語を話す人々がロシア語に合わせようとする場面も多かったことでしょう。ただし教育制度がそ

こまで行き届いていたわけではありませんから、多くの人にとっては、各自の知っているロシア語、あるいはウクライナ語との共通部分と、ウクライナ語とを混ぜて話すしかないという状況でした。

　複数の言語が共存する環境において、相互がコミュニケーションを図るために言語の混合が起こるのは自然なことです。社会言語学ではこうして生まれた混合言語をピジンと呼びます。ウクライナ語とロシア語のピジンは現地において《スールジク（суржик）》と呼ばれてきました。もともとこの語は雑多な麦の混ぜ合わせを意味し、否定的なニュアンスが含まれていました。なお、ベラルーシ語とロシア語も同様に混合が見られましたが、こちらは《トラシャーンカ（трасянка）》というもともと飼料用などの草の混ぜ合わせを意味する語で呼ばれてきました。

　現代では状況が逆転し、ウクライナではウクライナ語が主要言語となり、従来主にロシア語を話していた人々がウクライナ語に切り替えるようになっています。若い世代はウクライナ語の教育をしっかりと受けていますし、社会の移り変わりに順応することも比較的容易でしょう。一方でやや上の世代など、なかなかウクライナ語を話すのが難しい人も少なくはありません。さきにテレビのインタビューでロシア語を話す人もいると述べましたが、中にはウクライナ語で受け答えしようとして、ロシア語が混ざってしまうという場合も見られるのです。それでも「ウクライナ語を話すべきだ」という強い意識が感じられます。本来無理に言語を切り替えることが求められるような状況は望ましくないのでしょうが、やは

り戦争が人々の心に与えた影響の大きさは計り知れません。

　もともとあるウクライナ語とロシア語との連続性に加えて、今後はロシア語話者のウクライナ語への切り替えもあって、しばらくはより複雑な言語状況になると予想されます。やがては完全に「ウクライナ語」に移行してしまうのかもしれませんが、ここで注意すべきなのは、従来は主としてロシア語を使ってきた人々の話すウクライナ語が加わることによって、ウクライナ語自体にも変化やバリエーションが生じる可能性があるということです。悲惨な戦争を乗り越えながら、ことばはまたさまざまな形で変容し、新たな文化を築いてゆくことでしょう。

━━ 参考記事 ━━

[1]　Соколова, С. О. (2021) Українсько-російский білінгвізм в Україні: сприйняття зсередини та зовні. *Українська мова* 3 (79)：30–53.

[2]　Kulyk, Volodymyr. (2019) Identity in Transformation: Russian-speakers in Post-Soviet Ukraine. *Europe-Asia Studies* 7 (1)：156–178.

[3]　Мова та ідентичність в Україні на кінець 2022-го (https://zbruc.eu/node/114247)

[4]　«Перевзулися» чи змінили переконання? Якими стали російськомовні українські зірки за рік війни (https://www.rbc.ua/rus/styler/pidlashtuvalisya-chi-zminili-perekonannya-1677222438.html)

[5]　Україна вийшла на «фінішну пряму» щодо заборони російської музики та імпорту книжок (https://www.unian.ua/politics/zaborona-rosiyskoji-muziki-golova-radi-pidpisav-revolyuciyni-zakonoproekti-novini-ukrajina-11873379.html)

[6]　Індекс сприйняття російсько-української війни: Результати

телефонного опитування, проведеного 19-24 травня 2022 року (https://www.kiis.com.ua/?lang=ukr&cat=reports&id=1113&page=1)

[7]　Верховна Рада ухвалила закон про українську мову (https://tsn.ua/politika/verhovna-rada-ukrayinska-mova-1335663.html)

[8]　«Нет войне»: как в России наказывают за пацифистские надписи (https://www.bbc.com/russian/news-60926083)

[9]　«Гидко»: Лобода покликала на роботу таксиста, який відмовився розмовляти українською, і потрапила в скандал (https://www.unian.ua/lite/stars/gadko-loboda-pozvala-na-rabotu-taksista-otkazavshegosya-razgovarivat-na-ukrainskom-i-popala-v-skandal-12439500.html)

[10]　Українська мова на слух відрізняється від російської на 52% – спостереження і розрахунки (https://texty.org.ua/articles/105635/ukrayinska-mova-vidriznjayetsja-vid-rosijskoyi-na-52-sposterezhennja-i-rozrakhunky-prohramista/)

第 6 章 はじめにことばありき ——言語からわかること

　ここまでスラヴ諸語の歴史や言語的特徴、戦争をはじめとする社会的な動きとの関連について見てきました。最後にこの章では主にウクライナの事例から、ことばを観察することでこそ明らかになるようなことを紹介しつつ、スラヴ諸語における今後の展望についてもお話しします。

♆ ありのままのことばに触れる

　少し個人的な話から始めますが、大学で外国語を教えている中で最近よく話題になるのが、Google 翻訳や DeepL、さらには Chat GPT いったツールです。人工知能の発達により近年飛躍的に精度が上がっていて、少なくとも内容を理解する程度の読解や、最低限伝わる程度の外国語作文については、人間がやらなくてもよいと言えるほどになってきました。こうした状況になると、外国語学習の意味が問われてきます。辞書で調べながら自力で和訳や作文を行うといった昔ながらのやり方について、意欲を見せない学生が増えているように思います。

　私も日々進歩する技術は上手く活用してゆくことが大切だと思います。一方で懸念するのは、自動翻訳などに任せっきりにしてしまうことで、多くのものを見失ってしまうのではないかということです。当然ながらまだまだ解釈が難しい文もあり、自動生成の訳が正しいかどうかを判断するには、や

はり文法知識や、文構造を読み取る語学力が求められます。しかしそれ以上に考えなければならないことは、人間の文章には書いた者の心情や思想などが込められているという点です。日本語の簡単な例を挙げれば、「よくない」と「だめ」はほとんど同じ意味ではありますが、微妙にニュアンスが違うでしょうし、使われる場面や込められている気持ちも全く同じではないでしょう。それを例えば英語で一律に not good などと訳してしまえば、意味は理解できても背景の情報は失われてしまいます。言語によって語の指し示す範疇が異なったり、当然ながら言語独特の言い回しや慣用句もあったりと、やはり当該言語に関する知識を求められる場面が多くあることでしょう。

　また、直訳だけでは理解の難しい背景知識が必要になることもあります。ウクライナの事例で１つ取り上げますと、ウクライナの正教会の名称があります。現在２つの組織があり、それぞれウクライナ語では《プラヴォスラーウナ　ツェールクヴァ　ウクライーヌィ（Православна церква України）》（略称：ПЦУ）と《ウクライーンシカ　プラヴォスラーウナ　ツェールクヴァ（Українська православна церква）》（略称：УПЦ）と呼ばれるのですが、前者は「ウクライナ」という名詞が生格になって最後についており（英語で言えば、of Ukraine）、後者は「ウクライナの」という形容詞（英語で言えば、Ukrainian）が最初についています。どちらも直訳すれば「ウクライナ（の）正教会」になってしまいます。この背景には、近年におけるロシア正教会と決別する動きが関わっています。第１章でスラヴ諸語の歴

史にとって重要な東方正教会についてお話ししましたが、東ローマ帝国崩壊以降その中心はモスクワに移ってゆきました。カトリックではバチカンに教皇庁がありますが、正教会のトップは「総主教」と呼ばれるため、モスクワには総主教庁があります。ロシア帝国の名残で、ウクライナやベラルーシの正教会はその支部にあたるような構造になっていて、正式には「府主教」庁と呼ばれます。これが УПЦ の方です。2014年のマイダン革命によって誕生したポロシェンコ政権は、こうした状況にあったウクライナ正教会をロシア正教会から独立させようとします。そこで創設されたのが ПЦУ で、全面侵攻以降は УПЦ の活動が制限され、教会施設を ПЦУ へ移管させる法的手続きも進められました。各地の教会や修道院で、УПЦ の退去をめぐって騒動やトラブルも生じたようです。

　これはほんの一例ですが、機械的に訳すだけでは読み取れない多くの情報があるわけです。私も授業では折につけ、最新技術を活用しつつも人間にしかできないことを見極め、真摯に取り組むことが必要だと伝えるようにしています。

♆ 戦時下のことば

　ロシアがウクライナに全面侵攻して以降、関連の報道が急増しました。そこで情報収集の手段として注目されるようになったのが、ロシアで開発され、ウクライナでも利用者の多いテレグラム（Telegram）という SNS です。戦況や被害状況、政治的な動きなど内容はさまざまですが、現地の情勢に関する速報が出るという点で非常に重要で欠かせないツー

写真 11　キーウにある「キイェヴォ・ペチェルシカ」修道院
（2016 年 6 月著者撮影）

ルです。使われることばそのものを読み取ることで、起きて
いる事象を理解するだけにとどまらずさまざまなことがうか
がい知れます。

　日本の感覚だと信じられないことですが、戦時中というこ
ともあり、テレグラム上の「公的な」発信はかなり乱暴な言
い回しも飛び交っています。各種関係当局の公式アカウント
もあるのですが、それらの幹部や報道官の「個人」として発
信されることも多く、おたがい「敵」に対する憎悪や侮辱を
書き連ねることもしばしばです。報道機関のアカウントにつ
いては、ロシア側は記事と同様の文語的なスタイルで書かれ
ていますが、ウクライナ側は会社によって会話的な文章を使

うことも多く、乱暴な言い回しも珍しくありません。特に民間通信社のウニアン（УНIАН）は、公式サイトに出てくる記事は当然ながら報道的な文章ですが、テレグラム上では感情的表現が目立ちます。また、アカウントによっては日本のヤフーニュースのようにコメントが可能で、多岐にわたる市民の痛切な感情や差し迫った意見が見て取れます。こうした関係当局や報道機関などの公的なアカウントのほかに、当然ながらさまざまな情報発信アカウントが存在しており、戦争による混乱もあって真偽不明の怪しい情報も少なからず飛び交っている点には注意しなければなりません。

　ここで興味深いのは、ウクライナのアカウントでもロシア語で発信しているものが少なからずあることです。中にはウクライナ語とロシア語とが混在しているものもあります。５章でウクライナにおけるロシア語使用率の低下を取り上げましたが、インターネット上での使用率は今でも比較的高いことがわかっています。おたがいに相手がどういう人かわからないということもあって、両言語を併用するのが実用的なのでしょう。

　では、戦時下の発信にはどのようなことばが観察されるのでしょうか。極端に過激なものは避けますが、強い心情が込められたものが多く見られます。４章でも少し紹介しましたが、ウクライナ側では言うまでもなくロシアに対する批判的さらには侮辱的な表現が目立ちます（ここではウクライナ語で紹介します）。《ロシーヤ（росiя）》や《プーティン（путiн）》のように固有名詞の先頭を小文字にする程度はまだ穏やかなもので、そもそも正式な名前を呼ばないことのほうが多いと

言えるぐらいです。ロシア軍あるいはロシアの政権中枢など
について、《アグレーソル（агресор）》「侵略者」や《テロリー
スト（терорист）》「テロリスト」と呼ぶほか、英語の Russia
と「レイシスト」を意味する《ラスィースト（расист）》を
かけ合わせた《ラシースト（рашист）》という造語もよく使
われます。また、ロシアについて言及する際、折につけ《ク
ライーナ・アグレーソルカ（країна-агресорка）》「侵略国」
という言い方がされます（「クライーナ」は「国」、「侵略
者」は女性形となっています）。また、ロシア軍兵士に対し
て「オーク」を意味する《オールク（орк）》という蔑称も
よく用いられ、「化け物」扱いが広まっています。4 章で少
し紹介した「ロシアの軍艦よくたばれ」（Русский военный
корабль, иди на х*й!）に代表されるように、英語で言う f
ワードのような、公共の電波では「ピー」が入るような侮蔑
語も多く使われます（テレグラム上では伏せ字が入らないこ
ともしばしばです）。

　一方でロシア側も、ウクライナの現政権や軍部を「民族主
義者」や「ネオナチ」と呼び、あくまでもそうした「過激
派」から一般住民を保護し、ひいては国家の防衛であるとい
うプロパガンダを流し続けています。報道機関の発信につい
ては、使われている語彙は冷静なものに見えるのですが、む
しろ「他人事」のように報じる点が目につきます。例えばど
こかの都市が爆撃されて被害が生じた場合、「～がドローン
によって攻撃され」のように受身の言い方がよく使われるの
です。攻撃しているのはほかならぬロシア軍ですが、「我々
がウクライナに対して攻撃を実施している」と直接は言わな

いわけです。ここにもやはり、「戦争」ましてや「侵略」ではなく、ウクライナでよからぬ状況があって、ロシアがそれを是正すべく「特別軍事作戦」を継続しているというプロパガンダが反映されているのでしょう。

娯楽や教会におよぶ影響

　さて、戦況や政治情勢などについて過激なことばが飛び交うのは致し方ないことですが、もっと悲惨なこととして、社会生活に関する話題や、本来は娯楽である芸能やスポーツ、さらには世俗から少し距離を置いて人々の安寧を祈る教会などにも、戦争と結びつけられて語られることが目立ちます。

　5章でロシア語で活動していたウクライナの芸能人がウクライナ語に移行する状況を述べました。一方で完全にロシア語を使わないわけではなく、インスタグラムなどの発信でも両言語を併用している人もいます。そのうちの1人にLOBODA（スヴィトラーナ・ラバダー）という歌手がいるのですが、今もロシア語で楽曲をリリースしています。前章ではウクライナ語を話さなかったタクシー運転手を擁護して炎上したという逸話を紹介しました。彼女の活動や言動については、「ロシア離れ」という社会的な動きに反するものであり、どうしても批判の対象になってしまうわけです。タクシー運転手の件の後、とある有名人が彼女は《マロロースカ（малороска）》だと批判しました。この言い方は、ロシア帝国時代に現在のウクライナの地域を指していた《マララスィーヤ（Малороссия）》「小ロシア」という言い方と関係していて、その地域の人を表す言い方に ка という女性形の

接尾辞がついています。つまり「小ロシアの女性」というの
が直訳となりますが、現代においてこうした言い方は本来、
ウクライナに対する差別と見なされます。それをウクライナ
の人が、ロシア語を使う同国人を批判するために使っている
わけです。推察するに、我々は「ウクライナ人」であり、彼
女は「ロシアの手先」だと言いたいのではないかと思いま
す。全面侵攻の前は、ウクライナの歌手のものも含めてロシ
ア語の楽曲が多くヒットしており、現地の人々の娯楽となっ
ていたことは間違いありません。これまでも述べてきた通
り、「ロシア語＝ロシア連邦」ではないわけで、過激な排斥
の動きはたいへん悲しいものです。

　もう１つ、クリスマスの話題を取り上げます。さきほど
ウクライナ正教会（ПЦУ）がロシア正教会と決別する動き
について紹介しましたが、2023 年はクリスマス関連の祝
日にも変革がおよびました。正教会は従来ユリウス暦と呼ば
れるいわゆる旧暦を採用しており、クリスマスは１月７日
に祝われます。ウクライナ正教会はそれを、カトリックやプ
ロテスタントと同じく 12 月 25 日に変更し、国家の祝日
としても法的に変更が行われたのです。そのようなわけで
2023 年はいつも以上に話題となったクリスマスだったわ
けですが、関連の報道や特別番組などでは、やはり戦争に絡
めた話が目立ちます。ゼレンスキー大統領が国民に向けた祝
賀の挨拶 [1] からも、端々に戦争関連のフレーズが見られま
した。聖夜の始まりを《ペールシャ　ズィールカ（перша
зірка）》ないし《ペールシャ　ゾリャー（перша зоря）》
「一番星」が現れる時間と表現するのですが、大統領のこと

ばでは、「宵の空に一番星を見つけ、そこに敵のミサイルも
シャヘード（ドローン）もない時、我々は喜ぶ」といった言
い回しがありました。もちろん大統領の発言としては当然か
もしれませんが、先述の正教会の出した声明[2] でも、大部
分は宗教的なクリスマスの祝賀や祈りだったものの、「前線
でロシアの侵略と戦う兵士たちのために祈る」といったフ
レーズが見られました。

　あらゆる所まで戦争が暗い影を落としており、人々の心の
荒廃は想像を絶するものです。その様子がこうしたことばに
はっきりと現れているのです。

♔ 「ルースキー・ミール」をめぐって

　ウクライナにおいてロシアを侮蔑的に呼ぶ別の言い方とし
て、《ルスニャー（русня）》ということばがあります（ウク
ライナ語もロシア語も共通です）。рус の部分は前に紹介し
た「ルースキー」などから来ており、ня の部分はいくつか
の侮蔑語で見られる一種の接尾辞にあたります。ただし、ロ
シア語では「ロシア語」や「ロシア民族」という場合、
「ルーシ」を基にした《ルースキー（русский）》という形容
詞が用いられる一方で、ウクライナ語ではその場合「ロシ
ア」を基にした《ロシーシキー（російський）》が使われま
す。このため「ルスニャー」についても、特にウクライナ語
では「ロシア」ではなく「ルーシ」をイメージさせるものと
なり、《ロスニャー（росня）》と言うべきだとする意見もあ
るようです[3]。しかしながら、ウクライナ側のテレグラム
をはじめとする発信を見ていても、もっぱら「ルスニャー」

が使われています。

　この背景には、4 章で少し紹介した「ルースキー・ミール」というロシア側の思想が関わっていると考えられます。これも繰り返しになりますが、ロシアの現政権は、ロシア国外であってもロシア語（さらにはロシア正教）を共有する「ロシア民族」の住む領域を、「ルースキー・ミール」（ロシア的世界秩序）として定義し、その中での支配力を維持しようとしています。なお、それが世界の中心だとする中華思想のようなものとはやや異なり、むしろ世界全体については《ムナガパリャールヌィー・ミール（многополярный мир）》「多極的な世界」という言い方を用いて、アメリカや EU そして日本などの「西側」の世界や、中国を中心とする世界など、現代はさまざまな勢力圏がバランスを取って秩序が保たれるべきだと主張しています。これ自体は聞こえのよいものですが、要するに「ルースキー・ミール」の外側の人々は「我々」に手を出すなという話です。そして自らの勢力圏の中ではロシアが中心であるということでしょう。

　「ルースキー・ミール」はまさに今回の侵略戦争の背景にある思想であるわけですが、ウクライナ側が批判する際にも、ロシア側の言い方をそのまま引用しており、ゼレンスキー大統領も 2022 年末の演説[4] で、「痛み、廃墟、墓地。これがいわゆるルースキー・ミールだ」と述べました。すなわち「ルースキー」ということば自体がロシア側のプロパガンダと結びついており、「ルスニャー」が使われるようになった要因もここにあると考えられます。現状はどうであれ、ウクライナもほとんどの人々がロシア語を理解するわけ

ですから、ロシア側の主張もそのまま把握できるわけです。もっと広く言えば、こうした相手を馬鹿にしたり批判したりするような語彙自体も、ウクライナ語とロシア語とで多くを共有しています。

　現在のロシア政府による見解が決してウクライナ侵攻を正当化するものでないのは明らかですが、歴史的に「ルーシ」という国家がウクライナ、ロシア、そしてベラルーシの地を治めていたことは事実です。そして「ルーシ」の文化は当然ながら現在に受け継がれてきました。実際、ウクライナは「キエフ・ルーシ」の後継であるという主張も見られ、ボルシチなどが「ウクライナ料理」であるという話もここに根底があるのでしょう。ロシアのやり方に対抗せざるを得ない状況ではありますが、ウクライナもロシアも文化的源流を共有しているという歴史的背景は認識すべきです。一方で、キエフ・ルーシの中心が現在のキーウであったことから、ウクライナこそがその後継者であり、文化の起源もロシアではなくウクライナであるといった考え方に対しては、慎重に考えなければなりません。ウクライナであれロシアであれ、古代における「東スラヴ」のまとまりから分岐しつつ歴史の中で発展してきたのであり、どちらか一方が伝統を受け継いでいると言ってしまうのは不正確です。

　いずれにしても我々が考えるべきことは、こうした問題を「ロシア」と和訳してしまっては理解できないということです。ルーシが語源の「ルーシーキー／ルースキー」と、ロシアが語源の「ロシーシキー／ラシースキー」があり、さまざまな区別がされているということを把握しなければなりませ

ん。なお形容詞だけでなく、「ロシア人」についても区別があります。ロシア語で民族的な定義をする場合は、「ルースキー」を性や数によって変化させて使います。英語の *Russian* と同様の使い方で、「人」を表す名詞は省略されることも多いです。一方でロシアという国家と結びついた概念、すなわち「ロシア国民」や「ロシア国籍の人」と言う場合は、《ラシヤーニン（россиянин）》という名詞を使い、女性形として《ラシヤーンカ（россиянка）》があります。このほか、「ロシア語話者（の）」を意味する《ルスカガヴァリャーシー（русскоговорящий）》という言い方もあります（形容詞としても名詞としても使われます）。繰り返しになりますが、「ロシア（連邦）」という国家と「ロシア語」あるいは「ロシア系民族」の対応は1対1ではありません。日本のように何となく「単一民族単一言語」の国（これも実際には多くの異論があります）にいると複雑な状況に思えますが、言語・民族・国籍といった概念をしっかりと区別し、丁寧に状況を観察することが、文化を理解する第一歩です。

♆ ウクライナ周辺におけるスラヴ語の未来

　どうしても暗い話が続いてしまいましたが、最後に明るいと言えないまでも、スラヴ諸語の未来についてお話しします。

　ロシアによる全面侵攻により、ウクライナからはヨーロッパの近隣諸国を中心に多くの方が避難しました。2022年から2023年にかけて、ウクライナの隣国を訪れる機会があり、現地で避難民を支援しているいくつかの団体にインタ

ビューもしました。

　2022年8月、コロナ期間を経て久しぶりにポーランドとチェコで資料収集をしていました。ポーランドのクラクフの中心地では毎晩のように、反戦とウクライナ支援を呼びかけるデモ兼コンサートが行われていました。周りではウクライナ出身のボランティアが寄付金を集めようと、見物人に必死に訴えていたのが何よりも印象的でした。私のような東洋人には英語で話しかけてくるわけですが、まだまだ勉強不足なウクライナ語を話してみたり、結局ロシア語でコミュニケーションを取ったりする中で、彼らのさまざまな想いが伝わってきました。多くは自身も戦禍から逃れてきた人々です。中にはまだ中学生か高校生ぐらいの少年少女もいました。本人も想像を絶する苦労をしながら、祖国のために懸命に力を尽くしている姿には、ただただ感銘を受けるしかありませんでした。

　そうした中ワルシャワで少し息抜きに観光地である宮殿付近を訪れたのですが、その後路面電車に乗った時ロシア語が聞こえてきました。どうやら現地の何らかの団体が遠足に行っていたような感じだったのですが、何人かの子供たちがロシア語を話していました。引率の先生でしたか、先輩の生徒だったかもしれませんが、ウクライナ語で《ドーブレ（добре）》みたいに言った時、ロシア語を話す子供が「ドーブレ、ドーブレ、ハハハ」みたいに面白おかしく笑っていたのです。これは「よい」という意味で、会話では「OK」のように使われますが、ロシア語では《ハラショー（хорошо）》などと言います。無邪気な子供たちにとっては、自分たちの

話さないウクライナ語がおかしかったのでしょう。悲観的に考えれば、それこそ使用言語がいじめの要因になることもあるでしょう。しかし大きく見れば、子供のうちからロシア語とウクライナ語、そして避難先のポーランド語に触れ、色んなことを吸収してゆくのではないかと思います。これまでも陸続きの中央ヨーロッパで複雑な歴史をたどってきたスラヴ諸語が、令和の時代にもまた触れ合いながら新たな発展をしてゆく。職業病ながらそんなことを考えていました。

　ウクライナと国境を接している国は、ロシアやベラルーシ以外では、ポーランド、スロヴァキア、ハンガリー、ルーマニア、モルドヴァがあります。このうち、スラヴ諸語が話されるのはポーランドとスロヴァキアで、他では主に別系統の言語が話されています。避難民支援団体にインタビューした際も、スラヴ圏の国では言語の共通性によって最初から最低限のコミュニケーションは取りやすいという話がありました。少し離れてドイツなどに行く方もいらっしゃるようですが、右も左もわからない状況で多かれ少なかれ言語を共有していることの安心感は計り知れないことでしょう。中でもポーランドへは最大で100万人以上が避難していたと言われ、ワルシャワやクラクフの街中でも避難民と思しき人をよく見かけました。これはポーランドに限りませんが、ターミナル駅や商業施設などではウクライナ語での案内掲示も多くなされています（写真12）。ただし、これはあくまで私の数日間の滞在経験によるものですが、街中で聞こえたのはロシア語が多く、ウクライナ語はあまり聞かなかったように記憶しています。クラクフでウクライナ料理店に入った際も、

写真 12　ウクライナ語で書かれた避難民向けの案内
（チェコ　プラハ　2022 年 8 月著者撮影）

　店員さんと（知り合いの？）お客さんがロシア語で会話して
いることもありました。一方で店員さんが着ていた T シャ
ツには「ロシアの軍艦よくたばれ」と書かれていました。

　避難している方の中にロシア語話者が多いのは、戦闘の激
しい地域が東部・南部だからでしょう。全面侵攻当初は広い
地域から避難がなされていたようですが、その後戻ることが
できる方は帰還される事例も多いそうです。一方で激戦地域
では家屋も破壊され、帰るに帰れない悲惨な状況が続き、避
難が長期化しているのです。ただし、前章で述べたようなウ
クライナ内部での「ロシア語離れ」の動きもあって、若い世
代はこうした地域出身でもウクライナ語に切り替える動きが
加速していると言われています。そこには、自分が「ロシア

人」と同じ言語を話しているのが嫌だ、あるいはそう見られ
て恥ずかしいという、痛切な思いがあるようです。上でお話
ししたウクライナ語を面白がる子供たちぐらいだと、そのよ
うな意識はなく、ただ身につけた母語を話しているという感
じなのでしょう。やがて彼らも成長とともに、情勢について
自分で考えるようになり、多くの葛藤を抱えることになるの
かもしれません。ただしポーランドやスロヴァキアなど、周
辺国ではウクライナの多くの方がロシア語を話すことは知ら
れています。これらの国自体が共産党政権下にあった時代も
長く、ソ連の影響を受けていたわけです。支援団体へのイン
タビューでも、ロシア語を話したからといって忌避されるよ
うな事例は少なく、当然ながら支援もウクライナ語・ロシア
語双方によって行われているということでした。

　いつだったかワルシャワで路面電車に乗っている時、小さ
な子供たちを連れた年配の女性がロシア語で、ほかの乗客に
目的地への行き方を尋ねていました。さすがに一般のポーラ
ンドの人々には通じなかったのか、あるいは単純にあまり知
られていない場所なのか、あまり要領を得ない様子だったの
で、思わずロシア語で「どこに行くんですか？」と声をかけ
ました。もちろん私も現地の人ではないので役に立てるか不
安でしたが、幸いその方のメモに一通り行き方も書いてあっ
て、ちょうど降りる停留所も同じだったので、スマホで地図
を見ながら最低限の案内はできました。世代を考えると英語
はほとんどわからないでしょうし、恐らくロシア語しか話さ
ない方だったのではないかと思います。恐らく子供たちもロ
シア語を話すのでしょうが、ポーランドで生活する中で、ウ

クライナ語やポーランド語にも触れることになるのでしょう。

　戦争によって変わってしまったものを元に戻すことはできません。しかし何らかの形でウクライナ語やロシア語はこれからも生き続け、今後もさまざまな発展を遂げてゆくことでしょう。ウクライナに残されている子供たちにせよ、周辺諸国に逃れてきた子供たちにせよ、あるいはロシアに生まれた子供たちにせよ、彼らがこれからの言語を担ってゆくのです。

── 参考記事 ──

[1]　Привітання Президента України Володимира Зеленського з Різдвом Христовим (https://www.president.gov.ua/news/privitannya-prezidenta-ukrayini-volodimira-zelenskogo-z-rizd-87981)

[2]　Різдвяне послання Предстоятеля автокефальної Української Православної Церкви (https://www.pomisna.info/uk/epistle-post/rizdvyane-poslannya-predstoyatelya-avtokefalnoyi-ukrayinskoyi-pravoslavnoyi-tserkvy-2/)

[3]　Визначення «Русня» (https://www.slangzone.net/word/%D0%A0%D1%83%D1%81%D0%BD%D1%8F)

[4]　Зеленський: Біль, руїни й могили - це «русский мир», який зупиняють наші герої (https://www.ukrinform.ua/rubric-ato/3638081-zelenskij-bil-ruini-j-mogili-ce-tak-zvanij-russkij-mir-jogo-zupinaut-nasi-geroi.html)

参考文献

木村彰一『古代教会スラブ語入門』，白水社，2003 年.

桑野隆・長與進（編）『ロシア・中欧・バルカン世界のことばと文化』，成文堂，2010 年.

佐藤純一『ロシア語史入門』，大学書林，2012 年.

三谷惠子『スラヴ語入門』，三省堂，2011 年.

Атлас української мови: в 3 т. / АН Української РСР, Ін-т мовознавства ім. О. О. Потебні [та ін.] ; [редкол. : І. Г. Матвіяс (голова) та ін.]. - Київ: Наукова думка, 1984-2001.

Бевзенко, С. П. Українська діалектологія. Київ: Вища школа, 1980.

Еськова Н. А., Борунова С. Н., Воронцова В. Л. Орфоэпический словарь русского языка : произношение, ударение, грамматические формы: свыше 70000 слов. / Под ред. Н. А. Еськовой. М. : АСТ, 2015.

Пожарицкая, С. К. Русская диалектология. Москва : Академический проект, 2005.

Bernard Comrie and Greville G. Corbett (eds.). *The Slavonic Languages*. London : Routledge, 1993.

むすびに

　ウクライナ戦争を考えながら、ウクライナ語やロシア語を
はじめとするスラヴ諸語についてお話ししてきました。スラ
ヴ世界では、かつてユーゴスラヴィアの内戦も起こってお
り、残念ながら情勢が不安定な地域も多いのが現実です。

　私は 2015 年の 8 月末から 2016 年 6 月にかけてモス
クワに交換留学をしていました。すでにクリミア併合とドン
バス地域の一部占拠が強行された後で、ロシアへの経済制裁
やロシア・ウクライナ間での航空便の停止、ロシアやウクラ
イナにおける通貨の暴落など、さまざまな影響が出ていたも
のの、国境地域を除いては平穏な社会生活が継続していまし
た。メディアに対する制限もなく、Google 検索や
YouTube の閲覧、Facebook や Twitter の利用など、全
く問題ありませんでした。ロシアで当時人気のあったポップ
ス歌手の中には、ウクライナ出身の人も多くいます。
2016 年 6 月、帰国前に少しだけキーウとリヴィウを旅行
したのですが、そちらも「戦争中」という感じではありませ
んでした（ただし詳細は伏せますが、プーチン大統領をバッ
シングするようなグッズがお土産として売られてはいまし
た）。キーウではロシア語もよく聞かれ、私もお店の人など
とロシア語でやり取りをしたものです。ロシアとの交通も、
鉄道や道路は通っていて、私も寝台列車で問題なく国境を通
過できました。

　その後キーウは 1 度、ロシアの各地は何度か訪れました
が、コロナウイルスの影響でしばらく渡航ができていません

でした。2022年、そろそろ渡航が可能になりそうだと思っていた矢先に、全面侵攻が勃発してしまったのです。自分と縁のある国どうしがこれだけ悲惨な戦争状態に陥る様子には、言いようのない絶望感しかありませんでした。ことばがわかるぶん、現地の報道も理解できてしまうため、余計につらい思いをしました。ウクライナに友人や知人はいませんでしたが、ロシアの友人・知人あるいはお世話になった先生の中には、自らの国が戦争を起こしてしまったことを嘆き悲しむ人も少なくありません。言論の自由などを求め、海外に逃げる人もいました。戦争というものがいかに人々の生活を破壊してしまうのかを痛切に実感したものです。

　戦争関連のニュースでは政治や軍事が中心となりやすいですが、何よりもそこに関わる一人ひとりの命や暮らしが関わっていることを無視してはなりません。そして人々の思想や言動の背景には、それぞれの地で長い年月をかけて培われてきた文化があるわけです。日本をはじめ、外の世界からそれを理解することはもちろん難しいでしょう。それでも、ことばは一部分であっても目に見える形で表面化しているものであり、そこに着目することで少しでも現地の人々に寄り添って考えることができるのではないかと考えます。私も現地を訪れることは叶いませんが、各所で紹介している参考記事を含め、インターネットの活用によって多くの情報を得ることができています。一刻も早く平穏が訪れることを願いつつ、今後も現地のことばを丁寧に研究しながら、一言語学者としてできることを模索してまいります。

　最後になりましたが、このたび貴重な執筆の機会をくだ

さった教養検定会議のさんどゆみこ様、ウェブ連載の時から編集に関わってくださった野口大斗様に、この場を借りて心より感謝申し上げます。また、幼いころにことばを研究するきっかけをくれた両親にも謝意を表します。「はじめにことばありき」（教会スラヴ語：Искони бѣ слово）とは聖書の一節ですが、これからもことばを見つめてまいります。

令和６年４月　八王子の自宅にて

著者紹介

渡部 直也

東京大学大学院総合文化研究科言語情報科学専攻博士課程修了、博士（学術）。モスクワにて10ヶ月交換留学を経験。現在は東京大学、上智大学、慶應義塾大学などで非常勤講師のほか、日本音韻論学会理事を務める。専門は言語学で、音韻論・音声学および形態論を中心に研究を行っている。

ウクライナ・ロシアの源流
〜スラヴ語の世界〜

2024年5月7日発行

著　者─────渡部直也

発行者─────株式会社　教養検定会議　　さんどゆみこ
　　　　　　　〒156-0043　東京都世田谷区松原5-42-3
　　　　　　　https://la-kentei.com/

組版・印刷・製本───シナノ書籍印刷株式会社　　装丁──植木祥子

編集──野口大斗

ISBN978-4-910292-10-6　C0287